讲
谈
社

诸子的精神

读孙子本子

［日］浅野裕一　著

李斌　译

北京联合出版公司
Beijing United Publishing Co.,Ltd.

学术文库版序

《孙子》[1]是中国引以为傲的经典著作，它在日本也拥有众多的爱好者。甲斐[2]的武田氏[3]把《孙子·军争》篇中的一段话写在军旗上，尊其为"孙子之旗"，就是一个例子。

进入江户时代[4]后，德川幕府把以《孙子》为首的"武经七书"[5]作为官版加以刊行，并分发给诸位大名[6]，因此《孙子》得到进一步的普及，爱读它的人更多了。儒学家们也竞相为《孙子》作注，这股风气直到明治以后也不见衰微，直至今日。

1　本书所谓《孙子》即通常所谓《孙子兵法》。——编者注（本书脚注，如无"编者注"字样，均为译者所加。）

2　日本古代国名，相当于现在的山梨县。

3　指武田信玄（1521—1573），日本战国时代的著名武将，被称为"甲斐之虎""战国第一名将"。

4　也被称为德川时代。始于德川家康在江户建立幕府的1603年，终于德川庆喜将大政奉还给天皇的1867年。

5　北宋朝廷作为官书颁行的兵法丛书，由《孙子兵法》《吴子兵法》《六韬》《司马法》《三略》《尉缭子》《李卫公问对》这七部著名兵书组成，集中了古代中国军事学著作的精华。

6　大名，日本古时封建领主称呼。——编者注很多人都试图对《孙子》进行更为精密的解读，这些努力催生出了众多注解。

在给经典作品作注的时候，比较理想的情况是尽量采用年代久远且精善的文本作为底本。从这点来说，1972年山东临沂银雀山的汉墓出土《孙子》竹简一事具有划时代的意义。因为在此之前，《孙子》的文本无法回溯到宋代以前，而竹简的出土使得能够回溯的年代一举往前推进了一千多年。

于是，当1986年讲谈社计划出版这本书的时候，我毅然采取了以新出的竹简本为底本的方针。自那以后已经过了十多年，以竹简本为底本的《孙子》的注释书在日本似乎依然只有这一种，而且我听说这本书很早以前就难以买到了。因此，这次它能作为学术文库的一种，再次获得与读者见面的机会，作为作者，我很高兴。

1997年3月

浅野裕一

目　录

凡　例

一、本书的底本是 1972 年山东临沂银雀山西汉墓葬出土的《孙子》竹简本。

二、本书每章的构成如下：首先是各个段落的译文，其次是原文，然后是所标示词语的注释，最后是解说。

第一章　计　篇

在开战前应该比较本国和敌国的情况，估量哪一方有胜算，本篇讲的就是这件事的重要性。十一家注本中的篇名为《计》，而武经七书本和平津馆本 [1]《魏武帝注孙子》中的篇名则是《始计第一》。竹简本中，写有该篇篇名的部分不巧缺失了，但是其他篇的篇名与十一家注本基本一致，因此可以认为这一篇的篇名也是《计》。

1 兵者国之大事也

孙子说：军事是决定国家命运的重大事项。在选择关系到军队生死的战场和关系到国家存亡的道路时，必须慎重地加以明察。因此，为了事先在宏观上思考死生之地与存亡之道，需要注意五个基本事项。另外，为了进一步清楚地确定死生之地

1　平津馆丛书是清代中期的著名学者孙星衍（1753—1818）编辑的一部综合性丛书，内容涉及军事、政治、医学、佛教、道教等多个方面，其中也收录了《魏武帝注孙子》一书。

与存亡之道，需要运用一些指标来具体衡量彼此的优劣，以此来探究双方的实际情况。

五个基本事项，第一是道，第二是天，第三是地，第四是将，第五是法。第一位的"道"，指的是国家内政的理想状态，也就是使民众拥有与统治者相同的意志。只要平时能够实现这一点，到了战时，就可以让民众和执政者生死与共，民众也不会对统治者的命令抱有疑问。第二位的"天"，指的是背阴处和向阳处、气温的高低、四季变化的规律、顺天和逆天这两种应对措施，以及对天的顺应所带来的胜利，等等。第三位的"地"，指的是地形的高低、国土和战场的面积大小、距离的远近、地形的险峻与平坦、使军队败死或生还的地势，等等。第四位的"将"，指的是将军所具备的能力，如洞察事物的智力、部下的信赖、体谅部下的仁慈之心、不畏困难的勇气、维持军纪的严格程度，等等。第五位的"法"，指的是规定军队各部门分工的军法、对监督军队的官僚的职权加以规定的军法、君主在用兵之际与将军订立的关于指挥权的军法，等等。

只要身为将军，对这五个基本事项大体上都有所耳闻，不过只有极其深刻地认识到其重要性的人才会获胜，而只是将其作为抽象知识加以掌握的人则无法获胜。因此，为了避免陷入唯心论的危险，清楚地确定彼此的死生之地与存亡之道，需要将比较和衡量优劣的具体指标运用到双方身上，以此来探索双方的实际情况。

　　具体而言，包括下列方面：敌国和本国相比，哪一方的君主能够高明地掌控民心，哪一方的将军在能力上更优秀，哪一方获得了天时地利，哪一方能够彻底执行军法和君主、将军所下达的命令，哪一方的兵力更强大，哪一方的士兵更熟习军事训练，哪一方明确实施了赏罚。我通过这些比较、衡量，在开战前就能察知胜败。

【原文】

　　孙子曰，兵者国之大事也。死生之地，存亡之道，不可不察也。故经之以五，效之以计，以索其情。一曰道，二曰天，三曰地，四曰将，五曰法。道者，令民与上同意者也。故可与之死，可与之生，民弗诡也。天者，阴阳①寒暑时制②也，顺逆③兵胜④也。地者，高下广狭远近险易死生⑤也。将者，智信仁勇严也。法者，曲制⑥官道⑦主用⑧也。凡此五者，将莫不闻，知之者胜，不知者不胜。故效之以计，以索其情。曰：主孰贤，将孰能，天地孰得，法令孰行，兵众孰强，士卒孰练，赏罚孰明。吾以此知胜负矣。

【注释】

　　①阴阳：指背阴处与向阳处、夜与昼、新月与满月、雨天

与晴天等区别。不过，从"凡军好高而恶下，贵阳而贱阴……
丘陵堤防，必处其阳"（《行军》篇）这段话我们可以明确地知
道，在《孙子》中，"阴阳"专指背阴处与向阳处。　②时
制："时"是四时（春夏秋冬这四个时节）。"时制"指四季循
环往复的规律性。　③顺逆：顺应天意的行为与违抗天意的
行为。指对天采取的两种应对方法。　④兵胜：根据对天的
顺应还是违抗而被决定的胜利。如果顺从天的情况则胜，违逆
则败。另外，"顺逆兵胜"一句在之前的其他文本里是没有的，
只存在于竹简本中。　⑤死生：能够决定军队生死的地势。
与前面提到的"死生之地"相同。关于"死地"的说明详见
《九地》篇。　⑥曲制：指对军队内部各部门的职责和分工
加以规定的军法。　⑦官道：对监督军队的官吏的职责和
权限加以规定的军法。根据中国古代的军事制度，正如《行
军》篇中"吏怒者，倦也"一句所体现的那样，总是有各种
官吏随行，以监督军队。　⑧主用：指君主和将军在出兵
时商定的有关指挥命令系统的军法。正如《地形》篇中"战
道必胜，主曰无战，必战可也；战道不胜，主曰必战，无战
可也"一句所说的那样，根据中国古代的军事制度，君主会
将持有符节的使者派遣至前线的将军处，从后方指挥和控制
军队。

【解说】

战争牵涉到众多因素，是一个庞大而又极其复杂的事象[1]。因此，战争当然会具有被偶然性所左右的一面。但是，从整体来看，综合战斗力占优的一方还是会取得最后的胜利。在这个意义上，可以说胜利和失败各有其必然性。这样一来，通过比较、衡量彼此综合战斗力的优劣，就可以事先预测战局的发展趋势和最终的胜负结果。当然，这个时候，必须排除一切主观因素，不能让自己的愿望不知不觉间替代了基于事实的判断，要避免这种幻想。

就像这样，如果能只以客观事实为依据，冷静地进行谋划的话，关系到国家存亡的道路是什么，关系到两军败死或生还的决定性战场在何处之类问题的答案就会清晰地浮现出来。

因此，只有在胜券在握的情况下才能果断开战，并按照事先策划好的战略，稳妥地获得早已注定的胜利。当然，如果没有胜算，就必须坚决打消开战的念头，努力地避免战争，直到对本国有利的条件齐备了为止。这才是肩负国家和民众命运的战争指挥者最重大的职责。

---

1 事象，即事物的形象或事情、现象。——编者注

2 势者，因利而制权也

如果君主采纳了我刚才提到的五事七计的谋略的话，我作为将军指挥您的军队就一定能够获胜。那我就留在这个地方吧。如果君主不采纳我的谋略，即使我作为将军指挥您的军队，也一定会失败。这样的话，我还是离开这个国家吧。如果您觉得我的谋略对您有好处，从而加以采纳的话，那么在国内应该准备的取胜体制就已经完备了，接下来就是要给您的军队赋予势，以此作为出兵国外之后的辅助手段。所谓势，指的是利用不同时机的有利状况，一举将决定胜负的王牌收入自己囊中。

【原文】

将①听吾计，用之必胜。留之。将不听吾计，用之必败。去之。计利以听，乃为之势，以佐其外。势者，因利而制权②也。

【注释】

①将：表示"如果"之意的助词。还有一种很有势力的说法是表示"将军"之意，但因为以下理由，很难成立：根据《史记·孙子吴起¹列传》和竹简本《孙子兵法·见吴王》篇的

---

1 吴起（前440—前381），战国时兵家代表人物，卫国人。初任鲁将，继任魏将，屡建战功，被魏文侯任命为西河守。文侯死，遭陷害，逃奔楚国，辅佐楚悼王实行变法，促进了楚国的富强。楚悼王死后，被旧贵族杀害，变法失败。

记载，从齐国来到吴国的孙武事先向吴王¹提交了十三篇兵法书，请求吴王任用自己。在吴王看过兵法书之后，他和吴王见面，才华得到了吴王的认可，后来出任了将军一职。尽管吴王在见面时就已经称孙武为将军，但这有两个原因。一是吴王一开始就表明了想任用孙武为将军的意志，为了向他表示敬意而称其为将军。二是孙武当时实际指挥了女子组成的部队，扮演了将军的角色。因此，见面的时候孙武还没有正式成为将军。这样一来，《孙子》十三篇的整体结构和行文，就是作为当时孙武提交给吴王的兵书而拟就的。因此，当时孙武还是一个外来人员，在尚未确定是否会被任用的情况下，不可能对现任将军的去留说三道四。而且，如果将其解释成"将军"的话，这句话的意思就成了：如果将军采纳了孙武的谋略，孙武将作为军师、参谋而不是将军留在吴国，但实际上，孙武将女子当成士兵加以指挥，试图以此证明自己作为将军的才华，这一行为表明了孙武从一开始就希望担任将军一职的意志，两者之间就产生了矛盾。另外，这十三篇被认为是孙武直接提交给吴王的兵书，两人之间完全没有将军存在的余地。因此，决定是否采纳孙武谋略的人只可能是吴王，我们只能这么认为。基于以上

---

1 这里的吴王指阖闾，也叫阖庐（约前537—前496），名光，春秋时期的吴国国君，前514至前496年在位。令专诸刺杀吴王僚以夺取王位。任用伍子胥、孙武，整顿内政，灭徐国，破楚国，因秦兵来救及吴国内乱而退兵。后在槜李（今浙江嘉兴）被越王勾践打败，伤重而亡。

理由，这里的"将"应该被解释为助词，孙武这段话的正确理解应该是：根据自己的学说是否被采纳来决定自己的去留，即是留在吴国还是去往别国。 ②权：原本指天平秤测量轻重时所用的秤砣（砝码）。砝码可以立刻扭转天平的倾斜方向。在此，该字继承了这一原义，指的是可以使战况发生急剧变化、瞬间决定胜负的致胜招数。

【解说】

孙子希望有人任用自己为将军，不过，其大前提是对方采纳他基于五事七计的战略。在自己的基本战略不被采纳的情况下，即使被要求在战场上仅靠用兵之术来获胜，也是不可能的。因为决定战争胜负的首先是战略的好坏，而不是战术的巧拙。因此，兵法家同时也是战略和战术的专家，而并非仅仅在战场上巧妙钻营之辈。

如果自己的国家战略被采纳的话，那就基本上等于胜券在握了。不过，并不是说仅凭这点就可以自动实现胜利。从作战会议的阶段进入实际出征并与敌交战的阶段后，战场上会充满不确定因素。也就是说，军队从只有"必然"主导的计（熟虑）的领域跨入"偶然"也登场亮相的势（灵机）的领域。军队的战斗力原本就不是静态的、固定不变的。掌握了获胜关键的军队的势力会一举变得强大，反之，如果王牌被敌人掌握的话，军队的士气就会极端低落。这就要求将军在千变万化、错综复杂的情况下认清本军潜藏的优势，拥有在一瞬间找到胜机的敏锐头脑。

3 兵者诡道也

所谓战争，就是一种欺骗敌人的行为。因此，即使本军能够实施某项作战行动，在面对敌军时，也要展现出一副我们根本无法实施该项作战行动的样子；即使本军处于能够进行有效调遣的状态，在面对敌军时，也要展现出一副无法进行有效调遣的样子；即使实际上离目的地已经很近了，对敌军也要展现出离目的地很远的样子；即使实际上离目的地很远，对敌军也要展现出仿佛已经迫近目的地的样子。

通过这种总是向敌军展示虚假状态的办法，在敌军想要好处时，可以以好处为诱饵引敌出洞；在敌军混乱时，可以乘隙加以攻击，削减其战斗力；在敌军的战斗力充实时，可以加强守备以防止敌军攻击；在敌军的战斗力非常强大时，可以避免与其接触；在敌军怒火攻心时，可以有意挑衅，扰乱其阵势。对敌军没有防备的地点进行攻击，在敌军预想不到的地区进行攻击。这才是兵法家的取胜方式。因为是根据随时变化的敌情而获得的随机应变的胜利，所以，无法在出征之前就对获胜方式进行预估。

【原文】

兵者诡道①也。故能而视之不能，用而视之不用，近而视之远，远而视之近。故利而诱之，乱而取之，实而备之，强而避之，怒而挠②之。攻其无备，出其不意。此兵家之胜，不可先传也。

【注释】

① 诡道：欺骗对手的方法。与正常的战术（正道）不同，是一种重视诡诈、权谋的战术。　② 挠：搅乱敌军的阵势。

【解说】

孙子断言，战争的本质与一切传统形式的伦理美德都无缘，只存在于没有规则的互相欺骗之中。将军只需要对把命运托付给自己的国家、君主和民众遵循伦理就行了，对敌人不需要讲任何的伦理和规则。

因此在战争中，必须彻底地钻敌人的空子。那要如何欺骗敌人呢？首先，自己要准确地把握敌情，根据敌方的实际情况来制定对策。如果敌人有弱点，就要助长这一弱点，或者乘虚而入。反之，如果敌人处于有利的态势，就要想办法消除其优势。接着，在各种情况下都要以最有效的方式向敌人传递虚假信息，将敌人的判断引导至自己所希望的错误方向。当然，其前提是总是对敌人隐瞒本军的实际情况，只向其展示虚假的状态。就这样，巧妙地使敌人陷入圈套，乘其不备，打破双方战斗力的均势，在一瞬间抓住胜利的关键，随机应变地制造出必胜的态势。这就是孙子的观点。

4 多算胜，少算败

尚未开战之际，之所以在庙堂上进行筹算就已经获胜，是因为以五事七计为指标进行比较和衡量后得出的胜算比对手大。战端未开之时，之所以在庙堂上进行筹算而无法获胜，是因为胜算比对手小。胜算比对手大的一方在实战中也将获胜，胜算比对手小的一方在实战中也将败北。至于无一胜算的情况，就让人无话可说了。我通过这种比较和计算来观察战争的发展趋势，是胜是败，如在眼前。

【原文】

夫未战而庙算①胜者，得算多也。未战而庙算不胜者，得算少也。多算胜，少算败。况无算乎。吾以此观之②，胜负见矣。

【注释】

①庙算：开战之前，在祭祀祖先灵位的宗庙中，拿用于

计算的竹棒来比较衡量彼此的胜负，并在此基础上拟定作战计划。 ②之：从《孙子》的整体结构和竹简本《孙子兵法》的记述来看，所谓"之"，具体指的应该是吴越之间的战争。

【解说】

这一段是《计》篇的结尾。庙算也被称为庙战，指的正是案头上的头脑战。其中没有任何的狂热与豪言壮语，有的只是冷静成熟的思索，不动一兵一卒就决定了战争的胜负。在庙战中失败，却心存侥幸，说什么胜败是时运，不打不知道，从而鲁莽地发动战争的人是没有资格指挥战争的昏君、愚将。

第二章　作战篇

所谓作战，就是发动战斗。在国内组建完军队之后，为了派遣军队去国外进行征战，需要有军费，本篇讲的就是军费与国家经济之间的关系。武经七书本和平津馆本的篇名都是《作战第二》，而竹简本的篇名和十一家注本一样，都是《作战》。

5 兵闻拙速，未睹巧久也

孙子说，使用军队时的一般规律是：当军队的编制规模是轻型战车一千辆、重型战车一千辆、步兵十万人，并且需要将兵粮运输到千里之外的情况下，民众和政府的支出、外国使节的接待费、购入胶和漆等修缮军队装备的材料的费用、供应战车和甲胄的经费等，需要每天都投入千金之巨，在做好这种细致入微的准备之后，十万大军才能调动得起来。这种规模和形态的军队在采用战斗这一行动模式之际，如果需要进行长期的持久战才能战胜敌人，就会使军队疲惫，锐气受挫；如果需要围攻敌人的城池，就会把战斗力消耗殆尽；如果既不野战，也不攻城，只是徒劳地反复行军和露营，把军队长期放置在国外的话，国家经济就会陷入贫困。

如果采取这种作战方式，导致军队疲劳，锐气被挫，或者战斗力消耗殆尽，又或者花光钱财的话，此前采取中立态度的诸侯也会抓住该国疲敝之机，乘势举兵。一旦陷入这种困境，即使是再有智谋的人，也无法制定善后之策。

因此，战争中即使有些不完美之处，也要速战速决，千万不能为了达到完美而延长时间。战争的长期化对国家有好处的情况从来就没有出现过。因此，对用兵所带来的害处没有彻底了解的人，也无法完全了解用兵所带来的好处。

【原文】

孙子曰，凡用兵之法，驰车千驷，革车千乘①，带甲②十万，千里③而馈粮，则外内④之费，宾客之用，胶漆⑤之材，车甲之奉⑥，日费千金⑦，然后十万之师举矣。其用战也，胜久则顿⑧兵挫锐，攻城则力屈⑨，久暴师则国用不足。夫顿兵挫锐，屈力殚⑩货，则诸侯乘其弊而起。虽智者，不能善其后矣。故兵闻拙速，未睹巧久也。夫兵久而国利者，未有也。故不尽于知用兵之害者，则不能尽于知兵之利也。

【注释】

①驰车：四匹马拉的小型战车。革车：以皮革为装甲，可以容纳很多士兵的大型战车。《吴子[1]·图国》篇中说："革车奄户，缦轮笼毂。"　②带甲：身穿盔甲的步兵。　③千里：约 400 公里的距离。　④外内：民众与政府。与此类似的表达在《用间》篇的开头也能看到，《作战》篇中的"外内之费"就相当于《用间》篇中的"百姓之费，公家之奉"。民众需要承受的负担有：临时的军事税、牛马的供给、搬运物资的劳役等。而政府的负担包括：给远征军的外交和谍报工作费用、被动员的士兵在待命期间的宿营费、给士兵家人的慰问费、牛马的饲料费、租借运送行李的车辆的费用等。　⑤胶漆："胶"是粘贴皮革时的黏合剂，"漆"是涂在皮革表面以增加其强度的强化剂。　⑥奉：同"俸"，这里指为了供给车甲而花的经费。　⑦千金：黄金千斤（约 250 公斤）。　⑧顿：疲敝，疲劳不堪，跌跌撞撞地倒下。　⑨屈：同"尽"，"穷尽、罄尽"之意。　⑩殚：亦同"尽"，"穷尽、用完"之意。

---

1 《吴子》也叫《吴子兵法》，据传是战国时期的名将吴起的著作，同为反映先秦时期中国军事思想的代表作之一。原有 48 篇，今存 6 篇，分别是《图国》《料敌》《治兵》《论将》《应变》《励士》。

【解说】

《孙子》所设想的战争形态只有一种，那就是规模为十万人的大军长驱直入敌国境内，并在会战中一举决出胜负。这样一种远征军的派遣仅凭一时兴起或心血来潮是无法实施的，需要周到的准备和巨额的经费。因此，这是一项举全国之力的大事业。为了维持漫长的兵站线，对规模庞大的军队进行补给，需要巨额的支出，而这很有可能会给国家经济造成致命的打击。

因此，孙子认为下列做法是使国家经济崩溃的下策，予以了极力抨击。一是野战中战线胶着，在凭借土垒、篱笆等构筑的阵地白费时日的持久战；二是迫使本军在兵员、物资、时间等所有方面都付出重大牺牲的攻城战；三是不知何时才能与对方交战，却徒劳地长期出兵在外。因为既然战争是总体战和消耗战，那么多打一天，国家财政的疲敝程度就会相应加剧。

因此，不顾时间、任何事都必须做得完美才肯罢休的小心谨慎的完美主义者是不适合实战的，因为与敌人的战斗同时也是与时间的赛跑。另外，只关心军备的充实和战斗的结果的人有点孩子气，同样也没有资格指挥实战。因为如果把军事委任给一个不懂经济的人，就好比把家庭的财政权交给一个想要无数玩具的孩子，在战场上分出胜负之前，国家经济就崩溃了。

6　智将务食于敌

　　能够巧妙用兵的人不会让国内民众服两次兵役，也不会向前线补给三次粮食。战争费用在国内筹措，粮食则取自敌人的地盘。这样一来，兵粮也就可以充分供应了。组建军队会让国家变得贫困的原因，在于远征军需要把补给物资输送到很远的地方。如果远征军把补给物资输送到很远的地方，民众就会难以承受这种负担，从而缺乏生活物资，变得贫困；如果军队出动到国境线附近，附近的工商业者和农民就会乘着大量物资被军队调走造成的物资匮乏而坐地起价。物价如果高涨，政府在收购军需物资时就需要付出比平时更多的财力，国家财政就会枯竭。国家的财力如果枯竭了，对民众征收的赋税就会越来越重。如果像这样，在前线用光了国家财力，国内人民都陷入赤贫的话，民众的生活费就会比平时减少六成之多。另一方面，政府的经常性支出也会因为战车的破损、军马的疲惫，以及戟和弓矢等武器、甲胄、大小盾牌、为了运输而从各个村子征发的牛和车的损耗补充，而比平时减少七成之多。正因为如此，率领远征军的智将需要尽最大努力在敌人的地盘筹措粮食。吃敌方的一钟谷物，相当于从自己国家运来的二十钟；获得敌人用作牛马饲料的豆秸和禾秆，一石相当于从自己国家运来的二十石。

【原文】

善用兵者，役①不再籍②，粮不三载。取用于国，因粮于敌。故军食可足也。国之贫于师者，远者远输。远者远输则百姓贫，近师者贵卖。贵卖则财竭，财竭则以急丘役③。屈力中原，内虚于家，百姓之费，十去其六。公家之费，破车罢马，兵戟④矢弩，甲胄楯橹，丘牛⑤大车，十去其七。故智将务食于敌。食敌一钟⑥，当吾二十钟，其秆⑦一石⑧，当吾二十石。

【注释】

①役：为了筹措战争费用而临时征收的军事税，与后面提到的"丘役"相同。　②籍：在账簿上记载名字并进行摊派，以此为依据征税。　③丘役："丘"是行政上的区划单位。一丘为128户。丘役也被称为丘赋，是以丘为单位征收的军事税。　④兵戟：这里的"兵"指的是矛、戈等兵器。戟也是兵器的一种，因此将戟单独提出来与兵并列似乎有失严谨，不过在古代文献中这种现象很常见。　⑤丘牛：有一种说法是丘牛指像小山那么大的巨牛。但是，运输物资需要出动为数极多的牛，很难想象这些牛都像小山那么大。前面提到的丘赋中，有一个规定是每个丘需要提供一匹马和三头牛。因此，丘牛的意思应该是：作为兵役的一环，从丘里征发的用来拉车的牛。　⑥钟：容量单位。一钟约为50升。　⑦其秆：

"萁"是豆秸、豆萁,"秆"是稻、麦晒干的茎。　　⑧石:重量单位。一石约为60公斤。

【解说】

孙子详细解说了维持远征军的战斗力会使策源地国家经济陷入贫困的机制。对于深入敌国腹地的远征军来说,兵站线的维持是生死攸关的大事,不过同时也伴随着超乎想象的困难。把物资堆积在牛车上,一边与风雨冰雪做斗争,一边跨越山野河川,在此过程中,车会因为路况不好而破损或跌落到山谷中,人也会遭受饿死、冻死、病死等厄运,最后抵达前线的物资数量甚至不到出发时的几分之一,可谓惨不忍睹。

因此,考虑不到补给的重要性、困难程度和效率之低的人必然会败北。所以,在敌国境内筹措军粮就成了将军的重大任务。不在乎国家经济的疲敝,只知道与眼前的敌人战斗的头脑简单的人是无法胜任远征军指挥官一职的。

7 取敌之货者利也

所以,杀死敌兵是出于愤怒的感情,而夺取敌方的物资则是源自想要获利的精神。因此,在车战中缴获敌方十辆以上战车时,就把这些战车全部奖给第一个缴获敌方战车的人,并且要马上把敌人的旗帜换成己方的旗帜。然后,把这些战车编入获奖者的部队，与原有的战车混合使用。而且要给立下战功的部队的士兵提供特别的饮食，加以优待。这种做法在每次战胜敌人时都会增强本军的战斗力。

【原文】

故杀敌者怒也，取敌之货者利也。故车战得车十乘以上，赏其先得者，而更其旌旗，车杂而乘之，卒共①而养之。是谓胜敌而益强。

【注释】

①共：同"供"。指供应酒食，加以招待。

【解说】

本节承接上一节，作者讲述了在夺取敌方粮食的基础上，还要进一步缴获敌方装备，强化本军战斗力。一般来说，随着战斗的持续进行，战斗力会不断消耗，越来越低下。因此，如果能有效利用这个方法，每次战斗之后，战斗力就会不降反升。

8 兵贵胜，不贵久

基于这一理由，在战争中，快速获胜才是最高境界，长期战绝不会受到很高的评价。正因为如此，熟知战争的利害得失的将军是掌管人民生死的人，也是主宰国家安危的人。

【原文】

故兵贵胜，不贵久。故知兵之将，民之司命①，国家安危之主也。

【注释】

①司命：原本是一个星座（大致位于西方的水瓶座的位置）的名称，该星座被认为掌管着人的生死。

【解说】

如果牢记战争费用的重压会导致国家经济的疲敝，那么速战速胜才是最佳方案。深入敌国腹地，同时又被拖入长期战，这是最应该避免的下策。因此，只有当将军能够看准一场战争是否能获得与投资相称的利益，是否是一桩合算的买卖时，他才能够保护民众的生命与国家的安全。

第三章　谋攻篇

本章讲述的是应该靠计谋，而不是靠实际的战斗来击败敌人。武经七书本和平津馆本的篇名都是《谋攻第三》，十一家注本的篇名为《谋攻》。竹简本中，没有发现写有该篇篇名的部分，不过应该和十一家注本一样，也是《谋攻》。

9　不战而屈人之兵

孙子说，使用军事力量时的一般原则是：在保全敌国的前提下获胜为最佳方案，击溃敌国而获胜为次佳方案；在保全敌方军团的前提下获胜为最佳方案，击溃敌方军团而获胜为次佳方案；在保全敌方旅团的前提下获胜为最佳方案，击溃敌方旅团而获胜是次佳方案；在保全敌方大队的前提下获胜是最佳方案，击溃敌方大队而获胜是次佳方案；在保全敌方小队的前提下获胜是最佳方案，击溃敌方小队而获胜是次佳方案。因此，战斗一百次，次次都获胜，这并非最佳方案。不用进行实际的战斗就能使敌方的军事力量屈服才是最佳方案。

【原文】

孙子曰，凡用兵之法，全国为上，破国次之。全军①为上，破军次之。全旅②为上，破旅次之。全卒③为上，破卒次之。全伍④为上，破伍次之。是故百战百胜，非善之善者也。不战而屈人之兵，善之善者也。

【注释】

①军：古代周朝军事制度中的编制单位。一军由 12500 人的兵力构成。　②旅：500 人的部队。　③卒：100 人的部队。　④伍：5 人的部队，军队中最小的编制单位。

【解说】

提起战争，人们一般想到的是军事力量的正面冲突，也就是战斗。克劳塞维茨 1 以拿破仑战争 2 的经验为基础写出了《战争论》，自那以后，在普鲁士军事学、西欧近代军事学中，"战争等于战斗"这一倾向非常明显，强调的是所谓歼灭战的思维方式。

然而在本章中，孙子断言道：战争并不就等于战斗。因

1　Carl von Clausewitz（1780—1831），普鲁士军事理论家、军事历史学家，长期致力于军事历史和军事理论研究，著有西方军事理论经典著作《战争论》。
2　1799—1815 年，拿破仑统治下的法国与反法联盟各国进行的战争。

此，百战百胜在"百战"这一点上就已经不是最佳方案了，"不战而屈人之兵"才是最好的。既然如此，那对敌国造成破坏，或者打歼灭战就绝对不是战争的本质。孙子提倡的是在保全敌国或敌军的前提下获取胜利，乍一看这仿佛有点唯心论的感觉，但孙子在此并非痴人说梦。战争的本质在于粉碎敌国试图用军事力量来获取利益的企图，其关键在于不让敌国达成企图。为了达到这一目的，并不一定要发动军事力量。所谓战争，说到底只是与他国争夺自己国家的利益，并为此进行斗争，而通过战场上的战斗来争取军事上的胜利只不过是斗争的形态之一。在战场上使用军事力量击败敌军，损失了无数兵员和物资之后才好不容易阻止了敌国的企图，这可以说是最拙劣的做法。

就像这样，如果能深刻认识到战争的本质在于挫败敌国的企图，那么我们就会发现，强调不战而胜的孙子的话实际上既非空想，亦非唯心论，而是一语道破了战争真理的教诲。

10 上兵伐谋

因此，运用军事力量的最佳方法是事先挫败敌方的计谋，其次是切断敌国与其友国之间的同盟关系，再次是击溃敌方的野战军，最拙劣的方法是攻击敌人的城池。围攻城池的一般情况是：制造大型盾牌和进攻城门的装甲车，准备好攻城用的机械装置需要三个月，构筑攻击阵地的土木工程也同样需要三个月。将军无法抑制愤怒之情，等不及攻击态势的完成就命令士兵们一齐攀登城墙进行攻击，结果兵员损失三分之一，城池却完全拿不下来，这就是攻城所带来的灾难。

因此，能够巧妙运用军事力量的人，绝不是靠战斗来使敌人的军队屈服，绝不是靠攻城战来攻陷敌人的城池，也绝不是靠长期战来击溃敌国，一定是在保全敌方国土和战斗力的前提下获胜，用这种做法来向天下争夺本国的利益。正因为如此，军队不会疲敝，通过军事力量获得的利益也能够保全。这才是用计谋击败敌人的的原则。

【原文】

故上兵伐谋。其次伐交。其次伐兵。其下攻城。攻城之法，修橹①轒辒②，具器械③，三月而止。距堙④又三月然。将不胜其忿，而蚁附⑤之，杀士三分之一，而城不拔者，此攻之灾也。故善用兵者，屈人之兵，而非战也。拔人之城，而非攻也。破人之国，而非久也。必以全争于天下。故兵不顿，而利可全。此谋攻之法也。

【注释】

①橹：不是士兵拿在手中用于白刃战的盾牌，而是竖立

在地面上以抵挡敌人的箭和石块的大型盾牌。　②轒辒：攻城用的兵器。用皮革制成的盖子遮住上方和侧面的装甲四轮车。可以在抵挡城墙上射来的箭和石块的同时，由士兵在内部用手推动其前进，以便填埋护城河或是抵在城门上破坏城门。　③器械：指各种攻城兵器，比如堆满一头被削尖的巨木以撞破敌人城门的冲车，能够伸得很长的云梯等。　④距堙：是一种用于攻击的阵地。把土堆成一个可以俯视城墙的高台，从高台上伸出栈桥跨越护城河，并将士兵输送到城楼上。还有一种解释是：填埋城墙周围的护城河的土木工程。　⑤蚁附：不依赖用于攻击的阵地和攻城兵器，而是像蚂蚁向上爬一样，让士兵们攀爬城墙的攻击法。如果成功的话，可以在短时间内攻陷城池，不过这是一种会造成很多人死伤的拙劣战法。

【解说】

如果懂得前面提到的战争本质的话，最好的办法就是及早察觉敌国的企图，在敌国实施军事行动之前就迫使其收回计划。这么做看上去似乎完全没有采取战斗的形式，敌国和敌军也好，本国和本军也好，双方都没有蒙受任何损失。然而，这种由谋略战所带来的看不见的胜利，其实正是最巧妙的战争最高境界。

　　次佳方案是瓦解敌方的同盟外交。在敌国是仗着有同盟国才谋划发动战争的情况下，如果能让同盟国退出同盟，那么敌国就会害怕孤立无援而放弃开战的念头。这也是在不流血的情况下挫败敌国的企图，因此也是优秀的方案。不过，正因为这是一种间接的办法，所以当敌国一开始就不依赖同盟关系，企图独自发动战争，或者虽然同盟国退出了，但还是一意孤行地发动战争的时候，这种办法就无法发挥效力了；它和上一种直接在敌国内部阻止其企图的办法还是有差别的。当然，即便如此，把同盟国的军事力量排除在战斗行列之外这一效果还是存在的。

　　排在第三位的办法是通过会战来俘虏或击溃敌人的野战军。这种做法会对敌军造成损伤，确实可以在战场上阻止敌国的企图，不过与此相应，己方国家和军队也必然会产生巨大的人力和物力损耗。因此，与前两种相比，不得不说这种方法要差很多。

　　战争中最拙劣的办法是通过攻城战来粉碎敌国的企图。一旦陷入攻城战，要想出其不意，攻其不备，从而以最小的损失获胜几乎是不可能的。等待着双方的是攻城兵器和守城兵器正面交锋的攻防战，这需要付出惊人的费用、劳力以及时间。在持续数月甚至数年的攻城战期间，围攻城池的军队的战斗力和在后方支援军队的国家经济都达到了疲敝的极限。不过，如果将军因为攻城费时而被激怒，命令手下实施蚁附这一人海战术的话，就会陷入死伤无数却无法拿下城池的悲惨状况。因此，主动去进攻敌人守备森严的城池是最愚蠢的战法。

就像这样，如果追求战争目的和战争手段的最有效匹配，那么就必须寻求通过谋略来获胜的可能性，也就是不靠战斗就能使敌军屈服，不靠围攻就能使敌方城池陷落，不靠长期战就能击溃敌国。

回顾历史就会发现，正是将战争武断地等同于战斗的思维方式迫使人们在战争中白白流血，不断酿成惨祸。只要国家和国家，不，只要人和人会争夺利益，战争就是难以避免的。但是，即使战争本身难以避免，如果能深刻认识到孙子所倡导的战争本质的话，至少应该可以避免无用的流血与灾难。

不过，之所以能够挫败敌国的阴谋或瓦解敌国的同盟关系，正是因为本国拥有足以支撑本方谋略的军事力量。如果敌国看穿了本国在军事上完全不堪一击，那么任何想让敌人放弃侵略计划或让敌人的同盟国打消参战意图的谈判和间谍活动都不会有效果。因此，如果不具备足够的军事力量，只想着通过谋略来达成既保全本国和敌国，又获得政治和外交上的胜利这一愿望的话，那时的谋攻才真的是美丽的空想。在这个意义上，"不战而屈人之兵"的谋攻正是运用军事力量的一种方式。

11　小敌之坚，大敌之擒也

因此，用兵的原则是：本方兵力如果十倍于敌军，那就包围他们；如果五倍于敌军，那就从正面进攻；如果两倍于敌军，那就把他们分隔开；如果与敌军不相上下，那就拼死与他们进行奋战；如果兵力比敌军少，那就巧妙地从他们的攻击圈内撤离；如果兵力比敌军少很多，那就巧妙地回避他们，潜伏起来。所以，在兵力不多的情况下却硬要开战，其下场只能是成为兵力众多的部队的俘虏。

【原文】

故用兵之法，十则围之，五则攻之，倍则分之，敌则能战之，少则能逃之，不若①则能避之。故小敌之坚②，大敌之擒③也。

【注释】

①若：达到同等水平，能够匹敌。　②坚：战斗意志坚定，厌恶退却或潜伏，不管状况如何，都坚持想要交战。　③擒：生擒，活捉。

【解说】

谋略在实战中也同样重要。因此，与敌人接触之后，必须快速察觉敌我双方在兵力上的差距，并据此改变战术。遭遇敌人之后，并不是任何情况下都从正面进攻就可以了。要想在野战中获胜，一个大的原则是以数倍于敌人的优势兵力投入战斗。

如果能确保十倍于敌人的优势兵力的话，比较有利的做法是：一边从正面压迫敌人，一边从左右两翼延伸出两股部队将敌人包围起来进行战斗。如果兵力是敌人的五倍，那么虽然不足以展开包围网，但足以压倒敌人，所以可以从正面进行攻击，并伺机从左右两翼冲击敌阵的侧面。如果兵力是敌人的两倍，那么敌我双方兵力的差距不足以确保正面进攻的胜利，因此就必须首先从自己军队中向不同方向派出几支队伍，诱使敌人对这些队伍进行防备，以达到将敌军分割为若干区块的目的，然后迅速集中本军兵力，以扩大与孤立的各支敌军的兵力差距，最后采取各个击破的战术。

如果敌我的兵力不相上下，则无法像前三种情况一样摆出有利的攻击队形，因此无法通过队形来获胜，只能依靠军队实质性的战斗力，也就是士兵们的英勇奋战来击溃敌军。另外，如果兵力不如敌方，那就没有胜算，因此必须让殿后的部队采取拖延时间等方式来避免会战，并巧妙地撤退，从敌人的攻击圈内逃离出来。如果遭遇到兵力具有压倒性优势的敌军，那么井然有序的撤退行动也将变得困难，所以必须利用附近的地形，快速躲藏起来。

如果不试图去查明敌我的兵力差距，或者无视已经知晓的兵力差距，非要以少战多的话，结果只能是全军覆没或者被俘。指挥官并不是只要能勇敢战斗就可以的。

12 将者国之辅也

将军是国家的辅佐者。如果辅佐者与君主的关系很亲密，那个国家一定很强大，但是如果辅佐者与君主之间有嫌隙，则那个国家一定很软弱。所以君主给军队带来忧患的原因有三种。第一种是不知道军队不能出击而下令出击，不知道军队不能撤退而下令撤退。这就叫束缚军队的行动自由。第二种是对军队应该达成的使命一无所知，却试图介入军队内部的统治，与将军平分统治权，结果导致士兵们不知道应该听谁的命令，无所适从。第三种是对军队的权变措施一无所知，却试图介入军队内部的指挥，与将军平分指挥权，结果导致士兵怀疑是否应该服从将军的命令。如果军队陷入无所适从、怀疑指令的状态，那么此前一直保持中立的诸侯们就会和敌人联合起来参战，使本国陷入危难之中。这就叫扰乱军队的指挥命令系统，将胜利拱手送人。

【原文】

夫将者国之辅也。辅周①则国必强，辅隙则国必弱。故君之所以患②军者三。不知军之不可以进，而谓之进，不知军之不可以退，而谓之退。是谓縻③军。不知三军④之事，而同三军之政者，则军士惑矣。不知三军之权，而同三军之任，则军士疑矣。三军既惑既疑，诸侯之难至矣。是谓乱军引胜。

【注释】

①周：周密而无间隙。这里指君主充分信任将军。　②患：令人担心的事，灾难。这里指君主给军队带来灾难的行为。　③縻：拴起来，束缚其运动。　④三军：根据古代周朝的军事制度规定，天子可以拥有六军，诸侯可以拥有三军。因此，三军原本指 37500 人的兵力，后来成为了军队的通称，这里是后者之意。

【解说】

　　正如《计》篇中提到过的那样，古代中国的军事制度是彻头彻尾的文官统管。军队的统帅权不在将军手中，而在军队的所有者——君主——手中。另外，直接隶属于君主的各种官僚会一直与军队同行，以监督军队。将军只不过是凭借基于官僚制度的契约，临时被君主委以军队的指挥权。

　　因此，在军队奔赴前线之后，君主也总是会频繁向将军身边派遣使者，指示将军如何用兵。在这样的时代背景下，孙子强调将军作为军事专家应该拥有独立指挥权。因为他害怕在军事方面无知的君主从后方乱发号令，掣肘将军，从而使军队出现两个指挥命令系统，这样一来，军队的统一管理就会出现混乱，错过取胜的机会。因此，孙子的要求是：既然任命某人为将军，就要信赖他，不能妨碍军队随机应变的行动。

当然，正如下一节中"将能而君不御者胜"所说的那样，这样做有一个大前提，那就是将军很有才能。另外，所谓的独立指挥权只限于在前线用兵这一范围，将军无视君主的意见而擅自发动战争这样的事情在古代中国是无法想象的。

13 知己知彼，百战不殆

因此，要想预测胜利，有五个要点。第一，能够区分何时可以作战，何时不可以作战的一方获胜。第二，同时精通大兵力和小兵力的运用的一方获胜。第三，上下团结一心的一方获胜。第四，使用计谋之后，有准备地等着不知是计的敌人前来的一方获胜。第五，将军有才能，君主又不进行额外干涉的一方获胜。这五个要点正是预测胜利的方法。所以，在军事上，如果既了解对方的实际情况，又了解自己的实际情况，那么即使作战一百次也不会有危险。如果不了解对方的实际情况，只了解自己的实际情况，那么就有胜有负。如果既不了解对方的实际情况，又不了解自己的实际情况，那么每次作战都必然会陷入危险。

34

【原文】

故知胜有五。知可而战与不可而战胜。知众寡之用胜。上下同欲胜。以虞^①待不虞胜。将能而君不御^②者胜。此五者知胜之道也。故兵，知彼知己，百战不殆^③。不知彼而知己，一胜一负^④。不知彼不知己，每战必殆。

【注释】

①虞：事先考虑，订立计划。这里指使用计谋，在战场上设下圈套，等着敌人来钻的状态。　②御：手持缰绳驾驭马车。这里指君主不信任将军，试图自己来指挥军队，对将军进行各种干涉。　③殆：危险迫近，濒于危殆。　④一胜一负：这里的"一"意为"有的时候"。因此，一胜一负并不意味着胜率为五成。

【解说】

孙子在这里列举了预测战场上胜负的五个要点。要想判断敌我双方中哪一方拥有这些胜利的条件，需要事先把握彼此的实际情况。

孙子还进一步从中推导出了适用于整个军事方面的重要原则。如果在熟知敌我双方实际情况的前提下进行作战，那么当然就会采取符合这些实际情况的战术，所以不管作战多少次都不会陷入危机。在这里孙子没有断言会百战百胜，这是因为必须考虑到下面这种场合：根据双方实际情况的不同，有时在战斗中即使拼尽全力也只能勉强从敌人的虎口中逃脱出来，根本无法指望获胜。

如果在不了解敌情，只了解本方情况的状态下作战，那么胜负就取决于敌人的表现，所以有时获胜，有时落败。这样一来，战争不免带上了赌博性。

在不了解敌情，对自己所处的状况也没有认识的情况下作战的话，在战场上就会接二连三地发生出乎意料的事态，只能走一步看一步，听天由命，所以每次作战都必然会有危险。即便如此，孙子也没有断言一定会落败，这是因为他考虑到了有时会侥幸捡到一场胜利的情况。不过，如果这样作战，是没有资格当将军的。

既然这样，那么把握敌情就成了身为将军者的重要任务。一旦要开战，敌人就会彻底将其实际情况隐匿起来，因此敌情本来就难以把握。所以，掌握敌情必须付出巨大的努力和牺牲。憎恶敌人的感情转化为鄙视和漠不关心，最后导致对收集和分析情报的懈怠，这完全是一种颠倒的思维方式。对于即将要交战的敌人，应该有无尽的兴趣，同时应该将其作为研究的对象。从这个意义上来说，对你的敌人必须有无上的热爱。

与此相对，自己军队的实际情况不是什么秘密，因此对这方面的认识和把握似乎非常容易。然而，正是在这里，实际上存在着一个很深的陷阱，那就是自我辩护，自我正当化。对人类来说，如果有人把自己的缺点、弱点摆在自己面前，并强迫自己承认所有这些缺点和弱点，是一件非常痛苦的事。这就导致人们总是倾向于认为自己优于对手，认为自己处于有利的态势。因此，对于按理来说最容易知晓的自己的缺点、弱点往往故意视而不见，并在不知不觉之间把自己的愿望偷换成了客观事实，这样就很容易陷入过度自信和自以为是。

当这种情况与对敌人的轻视、漠不关心叠加在一起时，对于有名无实的胜利的幻想就会膨胀。当然，这种在思考问题时脱离现实的人在毫不留情的现实面前必然会败下阵来。容易陷入主观妄想的人和不思反省的人是绝对无法获胜的。彻底了解敌我双方的实际情况，扔掉一切甜美的幻想，做好最坏的打算是会带来精神上的痛苦的，如果无法忍受这种痛苦，那么一开始就不应该与敌人一争胜负。

第四章　形　篇

孙子在这一章中主张，应该在保持本军不败态势的同时，等待会导致敌军败北的态势出现，从而顺理成章地获胜。"形"原本指的是外在的、能看见的形状，但这里是指在胜利作为结果清晰地被人们看到之前就已经决定了胜负，却又隐而不露的必胜态势。武经七书本和平津馆本的篇名均为《军形第四》，十一家注本和竹简本的篇名则都是《形》。

14　先为不可胜

孙子说，古代善于作战的人，首先会制造出即使敌军攻击本军也无法获胜的态势，然后等待敌军自乱阵脚、本军可以一击制胜的态势出现。制造敌军绝对无法战胜本军的态势是本方的事，而敌军自乱阵脚、本军能够战胜敌军的态势是否会出现则是敌方的事。因此，即使是善于作战的人，也只能制造出敌军绝对无法战胜本军的态势，而不能让敌方制造出自乱阵脚、本军可以一击制胜的态势。因此，我们可以预测胜利，比如当敌军如何如何的时候，本军如何如何就可以获胜，但是却无法使其必然实现。

所谓敌军无法战胜本军的态势，采取的是守备的形式，而所谓本军能够战胜敌军的态势，采取的是攻击的形式。如果采取守备形式，则战斗力有富余。如果采取攻击形势，则战斗力不足。古代善于守备的人会深深地潜伏到地底，并看准机会飞上高空。正因为如此，才能够让本军在敌军的攻击下得以保全，并趁着敌人自乱阵脚时快速出击，一举获胜。

【原文】

孙子曰，昔善战者，先为不可胜，以待敌之可胜。不可胜在己，可胜在敌。故善者，能为不可胜，不能使敌可胜。故曰，胜可知，而不可为也。不可胜守，可胜攻也。守则有余，攻则不足。昔善守者，藏九地之下，动九天①之上。故能自保而全胜也。

【注释】

①九地、九天：这里的"九"是"穷极、至高"之意，数字本身没有实质性意义。

【解说】

孙子指出了守备和攻击这两种形式的特色，并认为应该优先进行守备。其最大的理由就是守备在自己的努力下肯定是可以达成的，与此相反，攻击的成败受敌人行动的左右，含有很大的不确定性。第二个理由是要想发动攻击而获胜，其先决条件是不会在敌人的攻击下败北。第三个理由是守备可以让战斗力有富余，是一种既对本方有利，又具有强大威力的形式。

关于第三个理由，此前的所有版本都作"守则不足，攻则有余"，与竹简本完全相反。这大概是因为，按照通常的想法，兵力处于劣势所以转入守备、兵力处于优势所以进行攻击这一区分方式更容易理解，所以没能理解孙子的本意，从而进行了篡改。顺便说一下，克劳塞维茨在《战争论》第六篇《防御》的第一章"进攻与防御"中表达了与孙子同样的观点，他写道："防御的目的是据守，这是消极的。与此相反，进攻的目的是占领，这是积极的。要想达成这一目的，进攻必须主动使用各种战争手段，因此消耗的战斗力比防御要大得多。所以，如果要准确表达防御与进攻的关系，我们不得不说：防御这一战争形式就其自身而言要比进攻这一战争形式更有威力。"不过，克劳塞维茨又接着写道："防御虽然是一种比进攻更有威力的战争形式，但由于其只具有消极目的，所以是我方在处于劣势时不得已而使用的形式。如果我方力量强大到足以达成积极目的，那么就必须立刻舍弃这种形式，这是不言而喻的。"这一段也和《孙子》一样，将守备和攻击与兵力的优劣联系在一起。

与此相关，在"藏九地之下"与"动九天之上"之间，此前的版本多出了"善攻者"三字。虽然意思也能说通，但与整句的主语统一为"善守者"的竹简本相比，此前的版本将守与攻置于对等的地位，这样一来，攻击所占的比重就被提高了，与原本主张守备优先的句式不同了。

从以上两点我们可以看出一个事实，即后世曾经修改过文本，使得攻击的价值提高了。其实，孙子所主张的守备态势同时也具有积极的性质，指的是利用处于攻势的敌人战斗力逐渐消耗而采取守势的本军战斗力有富余这一条件，想方设法将敌军诱导至败北的态势，并等待这一时机的到来。因此，它不单纯是一种消极的守势，而是随时可以转化为攻击态势的。如果能不忽略这一点，那么害怕竹简本的说法过于消极从而篡改文本的行为是完全没有必要的。孙子并非是将守备和攻击仅仅与兵力的多寡直接联系在一起，另外还试图将其与确定性和不确定性、时间和价值上的优先顺序、形式上的有利性等因素结合起来。对于孙子的这种思考，我们有必要重新加以体会。

15 胜兵先胜而后战

洞察战斗中的胜利因素的水准如果和普通人差不多的话，

那就称不上高明。在战斗中获胜之后，全天下的人们都称赞说厉害，这也称不上高明。举起一根细毛的人不能被称为大力士，看得见太阳和月亮的人不能被称为视力好，听得见雷鸣的人不能被称为听力佳。在我们兵家中被称为高明的人，是能够轻松战胜敌人的人。因此，高明的人在作战时，不会有震惊天下、出人意料的胜利，不会赢得智将的名声，也不会立下勇武的战功。他的胜利是十拿九稳、绝对有把握的。之所以十拿九稳，是因为胜利的态势事先就已经确立了，肯定能战胜注定会失败的敌人。

　　善于作战的人置身于绝对不会有失败危险的态势中，同时又不放过能让敌人败北的机会。因此，获胜的军队是在确定能获胜的前提下进行战斗，然后按照计划去实现胜利，而败北的军队是在战斗开始之后才去追求胜利。

【原文】

　　见胜不过众人之所知，非善者也。战胜而天下曰善，非善者也。举秋毫①不为多力。视日月不为明目。闻雷霆不为聪耳。所谓善者，胜易胜者也。故善者之战，无奇胜②，无智名，无勇功。故其胜不忒③。不忒者，其所措已胜，胜败者也。善战者，立于不败之地，而不失敌之败也。是故胜兵先胜而后战，败兵先战而后求胜。

42

【注释】

①秋毫："毫"指细毛。为了准备抵御冬天的寒冷，动物的毛一到秋天就会变得特别细密，故称秋毫。　②奇胜：基本上已经处于败势了，却靠最后关头的奇计获得了戏剧性的胜利。另外，"无奇胜"这三个字只有竹简本有。　③忒：不一致。这里指估计出现了偏差，战前的预想与实际的结果产生了不一致。

【解说】

这段话指出了决定胜利的真正要素并非存在于战斗过程之中，而是潜藏在战斗开始之前敌我双方的态势中。在尚未能明确看到胜利的阶段就已经胜券在握，这是主要的；战斗只是按计划实现胜利的手段，只具有从属地位。

在这种获胜方式下，只要在上述态势中作战，无论是谁，获胜都被认为是理所当然的，所以社会上对其评价不会高。受到人们的赞赏、能够成为战争故事或评书题材的是那种在最后关头凭借奇计实现的反败为胜，或者是靠英勇奋战夺取来的胜利。不过，这些胜利虽然具有戏剧性，但其实是千钧一发的险胜，孙子是排斥这种无异于赌博的战斗的。正因为战场上本来就充满了不确定因素，因此孙子想要尽量给战斗注入一些确定性。不要让战斗具有戏剧性，要理所当然地轻松获胜，这就是孙子的主张。

竹简本中的"无奇胜"这三个字在其他诸本中都没有。这大概是后人考虑到它和下一章《势》篇中的"以奇胜"有矛盾，所以将其删除了。但是，后人其实误解了孙子所说的"奇"，将其理解为奇计，也就是极为新奇的战术。孙子在《势》篇中所说的"奇"，绝不是世间所理解的奇术、骗术之类的意思。如果能立足于这一点，那么认为上述两句话有矛盾而删除前者就完全没有必要了。提起兵法书，很多人倾向于认为这是为了凭借稀奇古怪的战术而获胜的秘诀集。但是，孙子教导我们，应该按照一定的程序稳步走向胜利。对于孙子的这一教诲，我们应该虚心倾听才是。

16 善者，修道而保法

善于战斗的人会实践上述关于战斗中胜负的道理，并且会忠实地遵守下列关于战斗中胜负的原则，所以能够成为随心所欲地操控胜负的主导者。

所谓原则，第一是用尺子来测量的"度"，第二是用升斗来计算的"量"，第三是计算数量的"数"，第四是对双方加以比较的"称"，第五是敲定胜利的"胜"。作为战场的土地会引发测量距离的"度"这一判断，度的结果会引发测算战场所需物资的"量"这一判断，量的结果会引发计算应该动员到战

44

场上的兵力数的"数"这一判断，数的结果会引发计算敌我战斗力差距的"称"这一判断，称的结果会引发断定胜利形态的"胜"这一判断。

获胜的军队依次经过这五个阶段的思考，已经确立了胜算，所以就好比用以镒为单位的很重的砝码，来跟以铢为单位的很轻的砝码比较一样，其胜利是不可动摇的。败北的军队就好比用以铢为单位的很轻的砝码，来跟以镒为单位的很重的砝码比较一样，其败北是不可动摇的。

【原文】

善者，修道①而保法②。故能为胜败正③。法，一曰度，二曰量，三曰数，四曰称④，五曰胜。地生度，度生量，量生数，数生称，称生胜。胜兵如以镒称铢⑤，败兵如以铢称镒。

【注释】

①道：有人认为指《计》篇的五事中的"道"，但从上下文来看，这里似乎没有必要贸然论述对于内政的重视。因此，应该是指前文所论述的决定胜负的道理。　②法：主流解释认为是指五事中的"法"。但以往的其他版本中，下文都作"兵法"，而竹简本中下文只有一个"法"字，因此"保法"中的"法"应该是指下文的这个"法"。　③正：以往的版本

都作"政"，因此一直被解释为"政治"之意。然而，竹简本中作"正"，既然如此，那就应该被解释为"正长"，即统治者、主导者的意思。　④称：用天平测量和比较两个东西的重量。从下文的比喻也可以明确看出，在此是将两军的战斗力加以量化的一种思维方式。　⑤镒、铢：重量单位。1镒为20两（一说为24两），1两为24铢。1两相当于现在的16克。

【解说】

　　要想在战斗中稳当地获胜，必须遵循一定的途径，也就是"修道而保法"。其中，"修道"的原则是双层结构，即从守备态势转入攻击态势。而"保法"的原则由下面五个阶段构成。

　　第一个阶段，也就是第一项工作，是预测从哪里到哪里的区域可能会成为战场，然后设想出敌军与本军在战场一带行动时的所有可能性，比如敌我双方从出发地点到会战预定地点的距离、从某要地到某要地的最短距离以及采取迂回方式时的距离，等等，并事先测量好上述各种距离。

　　如果用这样测算出的各种距离的数值，除以作战部队一天的行军距离，或者比其慢很多的补给部队一天的行程等数值，就可以算出作战部队到达会战预定地点所需要的天数，或者是补给物资到达前线所需要的天数，等等。

　　如果用这些天数再乘以一名士兵一天消耗的粮食数量或

者拉运输车的牛一天消耗的饲料数量，那么就可以算出一名士兵从出发到抵达会战预定地点一共需要多少粮食，或者一辆牛车从出发到抵达前线一共需要多少饲料。这就是第二项工作——量。

如果用国家储备的谷物和饲料的总量除以这些数值，就能算出可以动员的最大兵力数和牛车数量。然后再用牛车数量乘以一台牛车可以承载的物资重量和途中的损耗率等，就可以大概算出能够抵达前线的补给物资的数量。通过这些数值，就能进一步算出多大兵力在多长时间内可以在战场上行动，以及作战行动可以持续的天数。这就是第三项工作——数。

将上述计算方法应用于敌我双方，以此来进行测量和比较，那么双方综合战斗力的差距就会浮现出来。这就是第四项工作——称。

当明确了双方的差距之后，就可以根据这一差距来考虑作战时行动半径的大小、逗留在战场上的时间长短、兵力的多寡等问题，从而可以明确，设定怎样的取胜方法对本军最为有利。这就是第五项工作——胜，即事先判定胜利的基本形态。

当然，因为战场上会发生难以预料的事态，所以不一定所有的事都能顺利按照上述五个阶段发展。因此，在牢记事先判定的胜利基本形态的同时，还必须要根据每时每刻的情况变化来调整误差，不断努力修正当初的计划。所以，虽然存在偶然因素，但从大局来看，经过上述五个阶段而细致推算出来的胜负应该是不会动摇的。从这个意义来说，与整个战争的胜负一样，战斗的胜负也可以说是事前准备的必然结果。

孙子将这种胜利的判定法比喻为用天平来称重。天平由于具有毫不隐瞒地明确显示双方轻重的功能，因此经常被作为客观、公正、正义的象征。通过这种比喻，孙子试图告诉我们，战斗的胜负绝不是偶然的产物，而是由地理条件、物质条件等因素客观决定的。

不过，虽然战斗的胜负是由各种客观条件决定的，但却无法自动实现，要想具备这些客观条件，只能靠人的主体意志与行动。这正好与天平秤对应——天平虽然能客观显示物体的轻重，但在两边的秤盘上放置砝码，控制倾斜的却是人的主体意志与行动。这样看来，天平的比喻象征着正因为人具有主体性所以才能创造出客观条件，含有很深的意味。

17　决积水于千仞之豁

测算敌我双方胜负的人在让人民进行战斗的时候，会进行筹划，以便达到像满满的积水决堤后冲下千仞之高的谷底一般的效果。这才是通往胜利的态势。

【原文】

称胜者战民也，如决积水于千仞①之罅②者，形也。

【注释】

①仞：长度单位。相当于 7 尺，约 157 厘米。　②罅："裂口、裂缝"之意。此前的版本都作"谿"，但不管怎样，意思几乎一样，都是指在河川中截流蓄水之后再一举让其决口，使积水沿溪谷奔流下山。

【解说】

这一句是整个《形》篇的结语。当积水决堤冲下高达千仞的溪谷时，任何人都无法阻止这股激流。让民众投入战斗的将军正应该努力构建这种必胜的态势，而绝不能用士兵的英勇战斗，也就是民众的大量牺牲来为自己拙劣的作战计划埋单。

第五章　势　篇

　　本章主张不应该依靠士兵个人的勇气，而应该依靠投入战斗的军队的整体势头去取胜。武经七书本和平津馆本的篇名为《兵势第五》，而十一家注本和竹简本的篇名均为《势》。

18　治众如治寡

　　孙子说，统率大股兵力时，就好像统率小股兵力一样，队伍井然有序，这靠的是组编部队的技术。指挥大股兵力进行战斗，就好像指挥小股兵力进行战斗一样，队伍有条不紊，这靠的是由旌旗和钲、鼓等信号构成的指令传达方式。全军的所有部队能够快速应对敌军的所有招数，绝对不会败北，靠的是奇法和正法的运用。本军的兵力在攻击敌军的某处时，就像用石头去撞击鸡蛋一样，能够轻松击溃敌人，靠的是以实击虚的战术。

【原文】

　　孙子曰，治众如治寡，分数①是也。斗众如斗寡，形名②

是也。三军之众，可使毕受③敌而无败者，奇正④是也。兵之所加，如以碫投卵者，虚实⑤是也。

【注释】

①分数："分"指分割，"数"指术数。这里指在军队内部事先确定好各部门任务的技术，使用这种技术后，可以让前后左右的各部队相互配合，即使某个点被敌人突破了，其他部队也可以迅速填补过来，或者即使高级别的部队单位（比如军）被冲散了，低级别的小部队（比如团、营）仍能继续战斗，不会导致全盘崩溃。 ②形名："形"指眼睛能看见的东西，比如旌旗之类。"名"指声音，比如钲、鼓之类。这里指把指挥官的指令传达给各部队的联络技术。 ③毕受："毕"为"所有、全部"之意。"受"为"接待、应对"之意。这里指两军对垒之后，对于敌人实施的所有战术都能有适当的应对措施。 ④奇正：采用与敌军同质的战术为正，采用与敌军异质的战术为奇。 ⑤虚实："虚"为"空虚、空隙"之意，即战备薄弱，不充分。"实"与其相反，指战备充分。

【解说】

这一小节论述了各种技术的重要性，包括军队的指挥和统率法、能够带来必胜的战术的运用法，等等。军队的战斗力并非仅仅由士兵人数、兵器等物理力量构成。这些眼睛看不见的技术渗透到了军队内部的各个角落，无论可否进行复杂的机动战，即使表面上的兵力差不多，实际战斗力也会有很大差距。

与胜利的原因在于单个士兵的勇猛、士兵们都是单兵作战的场合不同，当胜利的关键在于投入战斗的军队的整体势头时，这种将整支军队凝聚为一个有机运动体的技术，对于高度集团化的战术而言是不可或缺的。

19 战者，以正合，以奇胜

一般来说，战斗都是以正法与敌军对阵，以奇法取得胜利。因此，从正法的态势恰当地使出奇法的人，其手法的变化就如天地一般无限，就如黄河、海水一般无穷无尽。

结束后又开始的是太阳的升降和月亮的圆缺。万物在秋冬死去却又在春夏生长，这是四季的推移使然。构成声音的要素只不过是宫、商、角、徵、羽这五个音阶，但这五个音阶的组合所带来的变化却有无限多种，无法听完。构成色彩的要素只不过是青、红、白、黑、黄这五原色，但这五原色的组合所带来的变化亦有无限多种，无法看完。构成味觉的要素只不过是酸、辣、咸、甜、苦这五种，但这五种味道的组合所带来的变化同样有无限多种，无法尝尽。

同样，构成战斗势头的要素只有奇法和正法这两种，但奇法和正法的组合所带来的变化有无限多种，无法彻底弄清。由正出奇，由奇出正，正法和奇法循环出现的情形就像一个圆圈没有终点一样。有谁能穷尽无限多的变化呢？

【原文】

凡战者，以正合，以奇胜。故善出奇者，无穷如天地，无竭如河海。终而复始[①]，日月是也。死而复生[②]，四时是也。声不过五，五声之变，不可胜听也。色不过五，五色之变，不可胜观也。味不过五，五味之变，不可胜尝也。战势不过奇正，奇正之变，不可胜穷也。奇正环相生，如环之毋端。孰能穷之。

【注释】

①终而复始：就太阳而言，指的是西落与东升的反复；就月亮而言，指的是从新月到满月的循环。　②死而复生：指秋天和冬天死去的万物在春天重生，又在夏天成长这一循环。

【解说】

孙子在此讲述了正与奇并用的方法。但是，正与奇的含义非常难以理解。以往的解释可谓众说纷纭，比如常规办法与奇计，或者正兵与奇兵，等等。

但是，不管哪种解释，对于"以正法与敌军对阵，以奇法取胜"这部分还可以解释得通，但是对于用日月、四季的循环往复和圆环的比喻，来说明奇与正相互滋生的循环运动这一部分，都无法给予有效的说明。如果是首先用常规方法对阵，接着用奇计取胜的话，那么只是由正生奇，很难设想由奇生正的事态。试图用正兵与敌方对峙，然后靠奇兵的奇袭获胜的场合同样如此。

然而，新发现的竹简本《孙膑兵法》中有《奇正》一篇，专门论述了这一问题。虽然现在这一篇出现在《孙膑兵法》中，但我认为有可能它原本是为了解说《势》篇的内容而写的，只有参照这一篇的内容，我们才能够理解《势》篇中奇正的含义。

《奇正》篇在规定正和奇时，首先说了下面这段话：

　　形以应形，正也；无形而制形，奇也。

根据这一定义，用有形的兵力配备去应对敌人有形的兵力配备就是"正"，用无形的兵力配备去压制敌人有形的兵力配备就是"奇"。换言之，区分正与奇的首要标准在于是有形（正）还是无形（奇），是可见（正）还是不可见（奇）。

《奇正》篇所下的第二个定义如下：

同不足以相胜也，故以异为奇。

如果敌方部队与本方部队的战斗力完全同质，相互之间就很难分出胜负。这时，如果向敌方部队派出与其性质不同的部队，那就是奇。换言之，区分正与奇的第二个标准在于是与对手同质（正）还是异质（奇）。

对于这种同质性和异质性的具体内容，《奇正》篇作了如下说明：

是以静为动奇，佚为劳奇，饱为饥奇，治为乱奇，众为寡奇。

据此，让已经布阵完毕的部队去攻击为了变换阵形而正处于移动中的敌方部队，让已经进行过充分休养的部队去攻击疲劳的敌方部队，让饱餐之后体力充沛的部队去攻击饥肠辘辘体力衰竭的敌方部队，让组织有序的部队去攻击指令尚未传达到每个人、组织混乱的敌方部队，让大部队去攻击敌方的小部队，这些都属于"奇"。简言之，所谓奇，就是把具备了与敌方不同优势的部队部署到合适位置的行为。

《奇正》篇对奇与正的循环进一步作了如下解说：

奇发而为正，其未发者奇也。奇发而不报，则胜矣。

正如一开始所说的那样，奇的首要性质在于无形。将军在与敌军对阵后，会观察自己面前的敌军内部的兵力部署，然后将具备与当前敌人不同优势的部队部署下去，比如让自己的战车部队去对阵敌人的步兵部队，让本军一万人的部队去对阵敌人五千人的部队，让本军精力充沛的部队去对阵刚刚战斗完、尚未从疲劳中恢复过来的敌军部队，等等。

当然，这种部署不能被敌方将军事先看破，为此，需要采取各种隐瞒手段。比如一开始先部署与正面的敌军部队同质（正）的部队，然后叫该部队让出一条攻击通道，以便在后方待命的异质（奇）部队可以迅速冲出去；再比如在事先商定好的基础上，让本方部队以交错的方式攻击敌方侧翼的部队，而不是正面的部队。

当这种企图尚未被敌方看破，也就是处于无形状态期间，这种战术会一直带有最浓厚的"奇"的性质。但是，一旦本方部队向着作为攻击目标的敌方部队进发，就开始变得有形了，因此"奇"的性质也将逐渐消失。一开始被打了个出其不意的敌将逐渐察觉了本方的意图，并开始调遣与本军同质的部队来应战，这样一来，不管是从有形这点来看，还是从与敌方同质这点来看，本方的战术都完全失去了"奇"的性质，从而转变为"正"。

如果敌方应对迟缓，一直到最后都没能派出同质的部队来应战本军，那么敌阵的一角就会被冲垮，敌军的整体态势就会崩溃，于是本军也就胜券在握了。如果敌军应对迅速，本军的奇计没有奏效的话，那就把该部队撤回来，让其恢复正的状态，然后再策划发动别的形式的"奇"。这就是孙子的话的真正含义，既可以解释先用"正"与敌军对阵、再出"奇"制胜这一时间上的先后关系，又可以解释由正生奇、由奇生正这一奇正的循环。

这种战法在让敌人出乎意料这点上确实可以被称为奇计、奇法。但是，这是一种需要具备现实的可实施性和具体性的方法，比如在不让敌人察觉的情况下，部署具备与敌人不同优势的部队，等等，而并不是将军编造出常人想象不到的、稀奇古怪的战术的意思。以正的态势布阵，与敌人正面对峙之后，此前没有人想到过的新奇战术接二连三地在将军的脑中涌现出来，这种事情是编故事的时候可能出现的桥段，但在现实中几乎是不可能的。如果孙子的"以奇胜"这句话指的是《三国演义》中诸葛亮式的奇术的话，那么对于大多数人来说，孙子的话就变成了无法实施的空洞教条。然而，孙子绝不是在讲述毫无具体内容的空洞理论。只有这么思考，我们才能理解竹简本

《孙子·形》篇中记述的"善者之战，无奇胜"这句话的含义。

　　孙子从他那个时代的具体战争形态中提炼出了具有普遍性的理论，不过，随着时代的急剧变化，孙子所依据的具体战争形态渐渐消失了。另外，当孙子生活过的物质世界消失后，只有他的军事学理论以书本的形式留了下来。因此，对后世的人们来说，要想知道孙子的抽象语言是依据什么样的实际状况提炼出来的，也就是要想复原两者之间的关系是极其困难的，这很正常。于是，一直以来，后世的人们仅仅从字面上去进行各种解释，但这些解释难免流于抽象，结果导致在孙子那个时代具有现实而又具体含义的奇正并用理论被模糊地理解为靠玩弄奇计来取胜，这与其原本的含义相去甚远。过去，《孙子》很容易被看作是一本藏有常人难以想到的奇计的兵法书，在此，我们有必要抹去这一印象，重新认识贯穿于《孙子》全书的彻底的现实性。那种将孙子的话进行抽象的解释，同时又批判孙子不懂实战，只是在陈述一些空洞理论的行为，根本就是本末倒置的错误。

20 善战者，其势险

　　水流得很急，到了连石头都可以冲到水面上的程度，这就是势。猛禽从高处急速俯冲下来，到了一击之下就可以将猎物的骨头打碎的程度，这就是节。因此，善于作战的人会把进入战斗状态的势积蓄到最大限度，达到险的程度，而把积蓄的力量释放出来的节则是一瞬间。积蓄势就像把弩弦拉开到最大限度，而节就像在一瞬间扣动扳机。

【原文】

水之疾，至于漂石者，势也。鸷鸟①之击，至于毁折者，节②也。是故善战者，其势险，其节短。势如彍弩③，节如发机④。

【注释】

①鸷鸟：鹫、鹰、隼等猛禽。 ②节：原意为竹节。这里指把积蓄到最大限度的力量一下子释放出来，是一种由静到动的转换。 ③弩：一种兵器，把弓水平安装在发射架的前端，用扳机发射事先装在发射架沟槽里的箭。因为它可以毫不费力地保持弓弦拉满的状态，箭支飞行比较稳定，因此与一般的弓箭相比，可以更精准地击中目标。另外，在使用时，是用双脚蹬住弓的内侧，用双手拉弦，因此弦所积蓄的力量更大，飞行距离更长，杀伤力也更强。 ④机：弩的扳机。

【解说】

孙子在此解说了本篇主题——势的机制。势由积蓄和发射这两个阶段构成。前者的任务是将能量积蓄到最大限度。这一阶段积蓄的能量的大小决定了发射后的势的强弱。而后者的任务是将积蓄的能量在瞬间发射出去，把静态能量转换为动态力量。发射所需的时间越短，对目标物的冲击力就越强。

因此，如果能量的积蓄量大，而且发射的时间又短，其破坏力最强。从这个角度来看，将兵力分批次投入到战场上就等于故意减弱破坏力，将其变成零散的东西，因此是一种违反孙子所倡导之势的理论的拙计。

另外，在竹简本《孙膑兵法·势备》篇中，也有一段话将势比喻为弓弩的功能："何以知弓弩之为势也？发于肩膺（胸）之间，杀人百步之外，不识其所道至。故曰，弓弩势也"。这里的势的重点在于：在距离发射地点很远的地方发挥破坏效果的性质，以及箭在飞行时弹道难以察觉的性质，等等。这段话应该有助于我们理解势的功能。

21 纷纷纭纭，斗乱而不可乱

部队组编和指挥命令系统的军规能得到彻底贯彻的军队，即使两军陷入如同很多线缠绕在一起一般的混战，该军队的组织和指令也不会陷入混乱。即使阵形像水中的漩涡那样变换流动，也不会出现破绽而败北。

任务分配、指令传达和布阵等方面的混乱是从部队统管有条不紊的状态中产生的，士兵的怯懦是从勇敢的心理状态中产生的，战斗力的薄弱是从强大的状态中产生的。

对军队的统管是安定还是混乱，这是一个与部队组编技术有关的问题。士兵的心理是勇敢还是胆怯，这是一个与军队投入战斗时的势有关的问题。军队的战斗力是变强还是变弱，这是一个与军队所处的态势有关的问题。

【原文】

纷纷纭纭，斗乱而不可乱。浑浑沌沌，形圆①而不可败。乱生于治，怯②生于勇，弱生于强。治乱数也。勇怯势也。强弱形也。

【注释】

①圆："移动、循环"之意。这里指随着战局的推移，接二连三地变换阵形这一状态。　②怯：士兵的战斗意志低下，对战斗感到胆怯和畏缩。

【解说】

孙子在此讲述了这样一个道理：军队的统管、士兵的战斗意志、军队的战斗力等绝不是固定不变、永久持续的，而是随着条件的变化而变化流转的。

一支军队，不管此前的统管多么有条不紊，在持续进行激烈而复杂的战斗的过程中，阵形会渐渐散掉，指令也会无法传达到每个士兵，各支队伍也无法完成自己的职责分工，整个军队都将陷入混乱。士兵的心理也一样，不管开始时的战斗意志有多高昂，如果感到战况对本方不利的话，勇气就会马上消失，开始陷入对战败而死的恐惧。另外，不管拥有多么强大战斗力的军队，一旦陷入不利的态势，其战斗力就会迅速下降，转眼变为一支软弱的军队。

因此，将军必须深刻认识到这三者具有不稳定性，是会随着战场状况的变化而变动不居的。不能误认为军队可以一直保持有序的状态，士兵的战斗意志总是高昂的，军队的战斗力今后也会一直保持强大，从而放心地认为这些条件本军已经具备了。

区分军队统管是治是乱的要素，是军队的职责分工与组编技术（数），决定士兵是勇是怯的要素是投入战斗时的势，左右战斗力是强是弱的要素是军队所处的态势（形）。因此，将军必须时刻注意这三者，尽力保持治、勇、强的状态，不让其转变为乱、怯、弱。

人总是倾向于认为曾经拥有的优势会永远持续下去，并总

62

是想在这个牢不可破的基础上向前迈进。然而，已经到手的东西总是具有失去的可能性。我们应该做好这样的心理准备，即在有对手的情况下，可以一直保持的优势几乎是不存在的。

22 善动敌者

能够巧妙地让敌军移动的人，一旦将某种清晰的形态展示给敌人，敌人就一定会采取行动来应对这一形态；一旦给予敌人某种利益，敌人就一定会采取行动来获取这一利益。用这种办法将敌军引诱至目标地点，并事先部署部队在那里，等候敌军毫不知情地前来。

【原文】

善动敌者，形之，敌必从之，予之，敌必取之。以此[1]动之，以卒[2]待之。

【注释】

①此：指"形之"和"予之"这两种诱导方法。　②卒：原本指由100人组成的部队，这里泛指一般意义上的军队。

【解说】

当想要启动势的时候，如何设定攻击目标就成了一个重大问题。本军主动前往作为攻击目标的敌军所在地附近，在那里积蓄攻击能量以形成势，这种做法当然会被敌方将军察觉，因而敌方会妨碍势的形成或回避本方的势，所以要不就是行动计划告吹，要不就是扑空，成功的可能性极低。与此相反，如果是本军在完全不受敌方妨碍的情况下，事先从容地积蓄攻击能量，然后将作为攻击目标的敌军引诱到本方已经充分形成了势的地点的话，成功的可能性就会变得非常高。

这与用弓弩来进行狙击非常相似。如果是射手在靠近目标敌兵后再搭箭拉弦积蓄能量的话，只要对方不是特别迟钝，一般都会在射手积蓄能量期间进行攻击或者采取退避行动。不管怎样，狙击以失败告终的概率很大。与此相反，如果是在准备好了射击态势之后再迎来目标敌兵的话，成功的概率就会得到飞跃式的提升。

既然如此，那将军就必须巧妙地将敌军引诱至本军已经完成了势的构建的地点。为了达到这一目标，孙子提出了两种诱导手段——"形之"和"予之"。

前者的具体例子是：如果向敌国的首都、补给基地或是交通要冲之类，即敌方绝不能坐视不理的要地发动进攻，摆出想要攻占该地的样子，那么敌军一定会跑去救援。后者的具体例子是：如果故意放弃某要地而撤退，那么敌军一定会跑去占领该要地；如果故意将本军的一支部队孤立在战场上，那么敌人一定会去攻击那支部队，以期获得战果。

就像这样，向敌人展示其一定会跟从、应对的形态，或者是用敌人一定会上钩的利益、诱饵来引其上钩，从而将敌军引诱至本方已经准备周全的势的射程范围内，使其成为势的绝好目标。因此，势的构建与攻击目标的诱导是应该同时推进的两项工作。

23 善战者，求之于势

因此，善于作战的人在运用军队时，是凭借投入战斗时的势来取胜，而不是依赖士兵个人的勇气。所以，善于作战的人会在众人中进行选拔，并将他们部署到合适的位置，使他们服从军队整体的势。能使士兵们服从势的人，在让士兵们作战时，就像把木头和石头从高处扔下一样。木头和石头的性质是：如果处于水平的地方就是静止的，如果处于倾斜的地方就会开始运动；如果是方形的就不会动，如果是圆形的就会开始滚动。因此，让士兵们巧妙作战的势就像是让圆形的石头从千仞高的山上滚落一样，这就是战斗的势。

【原文】

故善战者，求之于势，弗责于人，为之用①。故善战者，有择②人与势。与③势者，其战人也，如转木石。木石之性，安则静，危^④则动，方则止，圆则行。故善战人之势，如转圆石于千仞之山者，势也。

【注释】

　　①为之用：第一个字由于竹简的残损而看不见了。根据笔者的推测，补入了"为"字。　　②择：指部署人员，比如把勇士和本领高超的士兵部署在军队的先头部队中，而把懦弱和能力低下的士兵部署在后卫部队中。　　③与：在这里是"编入同伴中，使其从属于大部队"之意。　　④危：倾斜得很厉害的状态。

【解说】

　　将军把目标敌军引诱至势已经形成的地点之后，终于要着手启动势了。本方的战斗力已经引满待发，而且非常强大，而敌军却不知道他们将要落入圈套，这一情况本军的士兵们原本就知道。当知道了本军处于绝对有利的态势下之后，不管其天生的性格如何，所有人都会确信本方将获胜，从而勇气百倍。看准时机的将军就会让这支战斗意志旺盛的军队一举冲向敌军。一旦将军做了这样的安排，那么勇敢者向前冲而怯弱者呆立不动的情况就不会发生，全军会团结一致地攻击敌人，胜利也就手到擒来了。

对于将军们来说，率领天下的精锐作战应该是一个不变的梦想。然而，在孙子那个时代，大部分士兵都是通过征兵招来的农民。他们完全是新手，战斗意志当然也就比较低下，战斗技能也不熟练。因此，与率领精锐部队的将军不同，想要靠士兵个人的勇敢或战斗技术的高超来取胜是不现实的。因此，率领一群乌合之众进行战斗就成了将军的宿命，对于这样的将军来说，如何让士兵们勇敢地作战一直是一个令人头疼的问题。

为此，孙子想出了一个解决方案，那就是势的理论——将军凭借自己创造出来的客观优势，反过来操控士兵的主观心理，从而将所有士兵都打造成勇士。既然精锐部队不一定随时都有，也不一定总是有足够的时间训练出一支精锐部队，那么如果只知道哀叹部下的战斗欲望和能力低下的话，是无法胜任将军一职的。

第六章　虚实篇

这一篇讲述的是自如地操控敌军的行动，确保兵力上的相对优势，以达到以实击虚效果的战术。武经七书本、平津馆本的篇名为《虚实第六》，十一家注本的篇名为《虚实》，而竹简本中记载篇目的木牍和该篇竹简上都写的是《实虚》，本篇篇名依据十一家注本。

24　善战者，致人而不致于人

孙子说，先在战场上等着敌军到来的军队是安闲的，而后到战场、无暇休息就投入战斗的军队是疲劳的。因此，善于战斗的人只会随心所欲地牵着敌人的鼻子走，而绝不会被敌人牵着鼻子走。

之所以能够让敌人自己主动进入本方设下的圈套，是因为向敌人展示了作为诱饵的利益。之所以能够让敌人不能去本方不想让其去的地方，是因为向敌人展示了足以令其放弃前往的害处，从而使其留在原地。如果敌人停下来安逸地休整，可以迫使其到处移动，令其疲惫；如果敌人在粮食丰富的地方吃得很饱，可以迫使其移动到别处，令其饥饿。之所以能够做到这两点，是向着敌人必然会赶往的要地出击，对其加以诱导的缘故。远征的距离长达千里却不会遭遇危险，是因为在没有敌人的区域行军。攻打之后必定能夺取，是因为攻击的是没有敌人守备的地点。守备必定固若金汤，是因为守卫的是敌人不会加以攻击的地点。

正因为如此，所以面对善于攻击的人，敌人不知道应该防守哪里；面对善于防守的人，敌人不知道应该攻击哪里。微小啊微小啊，甚至达到了无形的程度。绝技啊绝技啊，甚至达到了无声的程度。正因为如此，才能成为制敌于死地的主宰者。

【原文】

孙子曰，先处战地，而待敌者佚，后处战地，而趋战者劳。故善战者，致①人而不致于人。能使敌自至者，利之也。能使敌不得至者，害之也。敌佚能劳之，饱能饥之者，出于其所必趋也。能行千里而不畏②者，行无人之地也。攻而必取，攻其所不守也。守而必固，守其所不攻。故善攻者，敌不知所守。善守者，敌不知所攻。微乎微乎，至于无形。神乎神乎，至于无声。故能为敌司命。

【注释】

①致：有"送去"和"招来"这两个意思。在此兼有，指自如地操控敌人的行动。　　②畏：遭遇危难。长途奔袭伴随着各种危险，如敌方利用本方不熟悉地形这一弱点布置伏兵或包围圈，拉得很长的补给线被切断，等等。

【解说】

所谓虚实的战法，正如这一篇最后所说，"兵胜避实击虚"，即避开敌方兵力雄厚之处，而将本方的攻击力量集中到敌方兵力薄弱之处。为此，应该知晓敌方内部的虚与实，这自不待言，而且还需要积极主动地设法让敌方陷入虚的状态。因此，孙子提出了一种方法，这种方法可以按照自己的意图来操纵敌方的行动，从而回避敌人的实，同时又让敌人产生虚。

这一战术的基础是两种方法：（A）将敌人引诱至某个特定的地点；（B）将敌人限制在某个特定的地点。（A）是移动、出击方面的控制；（B）是静止、停留方面的控制。另外，想要实现（A），有两种方法：一是正面展示法，即向敌人展示利益，诱其前来；二是负面展示法，即向敌人展示坐视不理带来的损失，迫其前来。想要实现（B），则可以通过负面展示法，即向敌人展示前往某地会导致的坏处，对其加以牵制，从而将其束缚在目前所在的地点。通过运用（A）（B）这两种基本方法，可以进一步完成下面四种操作。

第一，使用（A）法，让敌人从条件对其有利的地区移动到别处，将其引入疲劳、饥饿等困境。第二，使用（A）法将敌人诱导至某处或使用（B）法让敌人停留在某处，从而清除本方行军时途经区域的敌兵，使这些区域变得空虚，这样本军就可以不受任何妨碍地自由进军了。第三，使用（A）法让敌人移动或使用（B）法让敌人放弃救援的念头，从而使本方将要攻打的地点的守备兵力变得空虚，这样本军就可以完全按照自己的计划来进行攻击，并最终占领目标地点。第四，使用（A）法让敌人改变进军路线或使用（B）法让敌人放弃进攻，从而使本方防守地点周边的敌方兵力变得空虚，这样就可以安全地守备该地点。通过上述手段，可以实现下面四点：（1）自如地消耗敌方的战斗力；（2）自如地进军；（3）自如地进攻；（4）自如地防守。

25 进不可迎者，冲其虚也

即使本军出击，敌军也绝不会迎击，这是因为出击路线钻了敌方兵力配备的空子。即使本军撤退，敌军也绝对无法阻止，这是因为撤退路线离敌太远，敌军无法追击。如果本军想要作战，敌军就不得不应战，这是因为攻打的是敌军一定会前往救援的地点。如果本军不想作战，就算只在地面上画一道防卫线而守在那里，敌军也绝不会突破防卫线与本军交战，这是因为诱骗敌军把进军路线改到了别的方向。

【原文】

进不可迎①者，冲其虚也。退不可止②者，远而不可及也。故我欲战，敌不得不与我战者，攻其所必救也。我不欲战，画地而守之，敌不得与我战者，胶③其所之也。

【注释】

①迎：挡住对方的去路，进行迎击。 ②止：堵住对方的退路，阻止其撤退。 ③胶：使……判断失误，欺骗。这里指展示虚假的形态，使敌人改变其攻击目标。

【解说】

本段承接上一段，阐述有关出击和撤退、逼迫对方会战和回避会战的虚实战法。首先，在出击和撤退方面，使用上一段中讲解过的（A）法或（B）法，进军的时候从前方、撤退的时候从后方事先远远地支开敌方兵力，以确保（2）自如地进军。其次，在逼迫对方会战和回避会战方面，使用（A）法，如果想要逼迫对方会战，就将敌军诱导至本军附近，如果想要回避会战，则让敌军远离本军所在地。

另外，在想要逼迫对方会战的情况下，因为是用在态势方面做好充分准备、处于实的状态的本军，去迎击慌忙赶过来救援、疲劳不堪、处于虚的状态的敌军，所以也属于虚实运用法的一环。

26 能以寡击众者

因此，善于率领军队的人会让敌军暴露自己的态势，同时隐藏本军的态势。本军由于清楚敌军的部署，因此可以放心地集中兵力，而敌军由于不清楚本军的部署，因此需要防备所有的可能性，这样就会分散兵力。本军集中所有兵力组成一支部队，而敌军分散兵力组成十支部队，这就意味着本方一支部队的兵力是敌方一支部队兵力的十倍。即使本军的兵力从整体上来看很少，而敌军的兵力从整体上来看很多，也可以用很小的兵力击溃敌人的大军，这是因为在每一次战斗中，联合作战的本军兵力融为了一个整体。

因为敌人无法预知本军将会集结全部兵力作战的地点，所以他们需要部署兵力的地点就会变多。而一旦部署兵力的地点变多，在各个地点与本军作战的兵力就会变得薄弱。防备了前面，后面就会变薄弱，防备了左翼，右翼就会变薄弱，如果想要防备所有方面，则所有的地点都会变薄弱。

之所以各个地点的兵力会变薄弱，是因为处于防备对方出现这一被动的立场上。之所以在会战地点总是能保持兵力上的优势，是因为处于迫使对方防备本军出现这一主动的立场上。如果事先知晓战斗发生的地点，那么即使在千里之外，也能够毫无差错地到达战场作战。如果既无法预知战斗发生的时间，又无法预知战斗发生的地点，那么前卫部队无法救援后卫部队，后卫部队也无法救援前卫部队，左翼无法救援右翼，右翼也无法救援左翼。在一支军队内部已经到这种地步了，更何况近则数里之外，远则数十里之外的友军，就更来不及赶过去跟他们一起战斗了。

　　鉴于上述情况，我对吴国和越国之间战争发展趋势的预测是：越国的总兵力再多，对胜利也没有任何帮助。因此，我之前就说过，可以随心所欲地获取胜利。即使敌人的总兵力再强大，我也可以让其分散到各地，无法集中到一处作战。

【原文】

　　故善将者，形人而无形，则我专而敌分。我专而为一，敌分而为十，是以十击一也。我寡而敌众，能以寡击众者，则吾所与①战者约②矣。吾所与战之地不可知，则敌之所备者多。所备者多，则所战者寡矣。备前者后寡，备左者右寡，无不备者，无不寡。寡者备人者也。众者使人备己者也。知战之日，知战之地，千里而战。不知战之日，不知战之地，前不能救

74

后，后不能救前，左不能救右，右不能救左。况远者数十里，近者数里乎。以吾度之③，越人之兵虽多，亦奚益于胜哉。故曰，胜可擅④也。敌虽众，可毋斗也。

【注释】

①与："协同，一起"之意。这里指各部队在战场上会合、集结。 ②约："汇总"之意。这里指所有兵力集结到一处。 ③以吾度之："以"是"从以上所阐述的虚实的理论出发"之意，"吾"指孙武，他的对话对象是吴王阖闾。"之"指吴越战争的走势。 ④擅："独占，自如地控制，随心所欲"之意。

【解说】

孙子在此阐述了一个极其重要的战术，那就是：对于在总兵力上占有优势的敌人，在分割敌方兵力的同时，将本方的所有兵力集结到一处，在各个分战场上总是保持兵力的相对优势，从而各个击破孤立的敌人。如果使用这一战术，那么在各场战斗中，本军的兵力将一直处于优势（实），而敌军的兵力则一直处于劣势（虚），因此可以做到"以十击一"，也就是能用以实击虚的形式不断地获取胜利，这样一来，最终就有可能击败在兵力的绝对数量上占有优势的敌人。

不过，正因为这是一个相当高级的战术，所以其实施需要具备几个前提条件。第一，在明确把握敌军态势的同时，彻底隐藏本军态势。孙子称其为"形人而无形"。因为敌人也会努力掩盖其态势，所以想要做到"形人"，必须要动足脑筋，具体的方法后面会讲到。另外，再怎么说"无形"，想要把本军的兵力部署完全隐藏起来，消失得无影无踪，通常来说是难于登天的。因此，孙子所说的"无形"指的应该是这样一种状态：即使局部的兵力部署被对方察觉了，但整个军队到底想做什么，即其真正意图仍不清楚。换言之，态势一般来说是意图的表现，但在这种情况下，故意不把态势和意图直接联系起来，从而达到掩盖本军意图的效果。

第二，决定战斗日期、时间和地点的主导权要掌握在本军手中。具体而言，这一点可以通过不去防守特定的地区或地点这一方针来实现。如果要保护土地不受敌人的攻击，那就不得不把防守兵力固定在该地；如果守备区域的面积很大，守备地点很多的话，兵力就会分散，这样一来，军队的态势和意图也会被对方知晓得一清二楚。因此，只有放弃地面的防卫，军队才能从土地的束缚中解放出来，隐藏自己的态势和意图，并将兵力集中到一处。当站在这一立场上与想要保卫土地的敌军交战时，何时攻击何处是由本军自由决定的，相反，敌军不知道何时何处会受到攻击，因此不得不分散兵力，对所有的可能性都做出防备。换言之，敌人完全是被动的，自主地决定战斗日期、时间和地点的主导权完全掌握在本军手中。这时，在掩藏本军选定的攻击目标的同时，如果能再派出别动队对各地进行佯攻的话，就可以达到使敌军兵力进一步分散的效果。

第三，迅速集中兵力。如前所述，为了确保敌方兵力能够分散，需要配合使用对各地进行佯攻等辅助手段。但是，这同时也意味着本军兵力也会分散。因此，在向各地派遣别动队以迫使敌人加强防备之后，必须让这些别动队迅速集结到事先约定的地点，对分散在各地的孤立无援的敌军部队进行各个击破。要言之，因为是利用时间差进行作战，所以，如果兵力不能迅速有效地集中的话，那么就会失去那片战场上兵力的相对优势，胜利的可能性就会大幅降低。因此，这一战术需要各部队具备高度机动性，即一度分散的兵力能够在预定的日期、时间和地点快速集中起来。

当具备了以上三个条件之后，这种建立在兵力的相对优势基础上的战术才能发挥威力。接下来是决定何时在何处发起战斗，因为决定权握在本军手中，所以即使是正在很远的地方进行作战的部队，也可以在计算好日程之后，按时到达下一处战场，与大部队会合后参加战斗。与此相反，敌方在某处受到攻击之后才知道该处发生了战斗，因此应对迟缓，无法互相救援，只能孤立在各地，从而被各个击破。

如果能这样接二连三地击溃敌方兵力的话，就可以用处于劣势的兵力胜过总兵力处于优势的敌人，其结果就是：曾经一度放弃的土地自然也就能守住了。根据上述孙子的战术论，我们应该可以明白，在广阔的区域布置防线，试图守备很多地方的警戒线式的防御战法是一种愚蠢的策略，不仅无法保住战斗力，连土地也无法保全。对于进攻方来说，最可怕的是防守方完全不去守卫土地，只是偷偷集结兵力，以击溃进攻方的战斗力为唯一目的。

27　蹟之而知动静之理

为了分散敌军兵力，首先需要把握敌情，所以要尾随敌军，推断出其行动规律；要把握其态势，推断出哪块土地是其生命线；要洞察敌军所处的状况，推断出对其来说什么是好处，什么是损失，也就是敌人是如何计算利害得失的；要试着与敌军稍加接触，推断出其兵力占优之处与薄弱之处分别是哪里。

【原文】

故蹟^①之而知动静之理^②，形之而知死生之地，计之而知得失之计，角^③之而知有余不足之处。

【注释】

①蹟：竹简上写的是"绩"，应该是"蹟"（同"迹"）的借字。"迹、蹟"是"跟踪、尾随、追踪"之意。　②理：规律性。指敌人是根据何种不变的规律来发起或停止行动的。　③角：同"触"。让小股部队兼带着侦察目的去和敌人进行小规模战斗，通过反击的强弱来刺探敌方的兵力配置情况。

【解说】

前面已经讲过，实现兵力的相对优势并获胜的战术需要"形人"。在这一节里，孙子提出了四种"形人"的具体方法。

第一种方法是让侦察队跟踪尾随敌军，从而刺探出敌人的行动规律。在敌军行动过程中，如果能发现某种不变的规律性，例如夜间或天气不好的日子绝对不出动，或者大部队一定是在派出先遣队之后再出动，等等，就可以以这些规律为判断材料，来预测敌人今后会如何排兵布阵。

第二种方法是本军放弃土地的守卫，采取攻势，迫使敌军采取守势，借此让敌军的兵力部署变得鲜明可见，然后在此基础上，预测能够决定敌军生死的土地在哪里，例如只要驻扎在该处就不用担心兵粮的土地，或者只要该地被占领，补给线就会被切断的地区，等等。通过这种方法，就可以事先谋划出在何处开战可以将敌人引向失败。

第三种方法是从各个角度测算敌军现在所处的状态，站在敌人的立场上推测其是如何计算利害得失的，例如对于兵粮快要见底的敌人来说，短期决战有好处而持久战是不利的，或者对于正在期待强大的援军到来的敌人来说，推迟会战反倒有利，近期会战则不利。通过这种方法，就可以知道他们想做什么，不想做什么，从而预知其今后的行动。

第四种方法是不断派出小股部队冲击敌军各处，发起小规模战斗，从敌军反击的强弱来探测出他们兵力部署雄厚和薄弱的地点分别是哪里。通过这种方法，可以推断出敌方兵力部署的态势，以及体现在这种态势中的意图。

使用这四种方法来准确、综合地把握敌情，并在此基础上决定应该何时将兵力集中到何处。

28　形兵之极，至于无形

展现军队态势的极致是达到无形的水平。如果无形的话，即使是打入我军阵营深处的间谍也无法看清本军的态势，有智慧的人也无法推测本军的态势。根据敌军的态势，可以事先确定以何种形态去战胜占优势的敌人，但占优势的敌人却无法察觉这一点。敌人都知道本军最终制胜时的态势如何，但却无法知道事先就已经决定了胜利的原因何在。因此，胜利的模式不会重复第二次，可以对敌人的态势做出无限的应对。

【原文】

形兵之极，至于无形。无形，则深间^①弗能窥也。智者弗能谋也。因形而错胜于众^②，众不能知。人^③皆知我制形，所以胜者不可知。故其战胜不复，而应形于无穷。

【注释】

①深间：打入我军中枢的间谍。　②众：《形》篇中有"见胜不过众人之所知"一句，因此这里的"众"似乎也可以被认为是指不懂军事学的普通人，但下文有"人皆知我制形"一句，说明在此是将"众"和"人"区分开来使用的。另外，如果理解为"一般人"的话，"错胜于众"这句话的意思就不好解释了。因此，武内义雄¹在《孙子考文》中认为应该删除"于众"二字。但是，竹简本中"错胜"的下方可以看见稍微缺损了一点的文字，我觉得应该是"于"字的一部分。因此可以推测，竹简本中此处也是"错胜于众"。既然如此，此处的"众"就不是指普通人了，而是与前面的"我寡而敌众""敌虽众"中的"众"一样，指的是在总兵力上占优势的敌军。　③人：与前文的"众"一样，似乎也可以理

1　1886—1966 年，毕业于京都大学，曾任日本东北大学教授，帝国学士院会员。研究领域为中国哲学。著有《中国思想史》，另外，凭借《老子原始》《论语的研究》等书确立了精密的文献批判方法。

解为"普通人"。但是，下文有"故其战胜不复"一句，说的是不要让敌人看透本方的意图，因此，与前面的"形无人之地""形人"中的"人"一样，此处的"人"应该理解为"敌人"之意。

【解说】

如前所述，态势（形）是意图的表现。因此，如果不让本军的态势和意图产生直接的关联，从而使敌军无法弄清本军意图的话，那就等于本军变得无形了。

如果能够在这个意义上保持本军无形、敌军有形的状态，那本军就可以持续地了解敌人的意图，而且这种了解是单向的，即本军可以了解敌军，而敌军无法了解本军。因此，根据敌形，也就是敌人的意图，可以事先确定胜利的模式。另一方面，敌方只有在输掉战斗之后才能知道双方彼此的态势。换言之，敌人只知道失败时的形，即最终结果、表面现象，而对于到达该结果的无形的过程，即失败的真正原因，则完全不知情。

而且，在决出胜负时，根据敌方在每场战斗中表现出的不同态势，双方的态势也会千差万别。因此，敌人只会被结果、现象的多样性搞得眼花缭乱，比如上次是被包围之后落败，这次则是中央被突破而导致败北，诸如此类，即使它们是基于同一原理的战术，敌人也绝对无法识破它们属于同一种手段。

如果尝到了一次胜利的甜头，然后多次重复使用在该次战斗中制胜的模式的话，当然就会被敌人看穿，敌人也会想方设法加以应对，所以其有效性很快就会失去。经常可以看到这样的事例，即调查古往今来的名将是用何种阵形获胜的，然后自己也试图用同样的阵形来取胜。但是，正如《孙膑兵法·奇正》篇中"以一形之胜胜万形，不可"一句所断言的那样，这种依赖既有模式的肤浅想法类似于一条道走到黑，必将陷入穷途末路。

29 兵形象水

军队的形态以水为榜样。水在流动时是避开高处，流向低处的。与此相同，军队也是回避敌方兵力占优势（实）的地点，攻击敌方防备薄弱（虚）的地点，以获取胜利。因此，水根据地形来决定其流向，军队根据敌人的态势来决定胜利。军队没有一成不变的势，也没有固定的形。只有巧妙地根据敌军的态势进行变化才能被称为神妙。金、木、水、火、土这五行中没有常胜不败的，春、夏、秋、冬这四季也没有常驻不走的，太阳照耀的白天有长有短，月亮也有时圆时缺的变化。

【原文】

夫兵形象水。水行避高而走下。兵胜避实击虚。故水因地而制行，兵因敌而制胜。兵无成势，无恒形。能与敌化，之谓神。五行无恒胜^①，四时无常位，日有短长，月有死生。

【注释】

　　①五行：金、木、水、火、土这五种要素。无恒胜：基于五行相克的学说，即木克土，土克水，水克火，火克金，金克木。

【解说】

　　战斗不存在固定的胜利模式，胜利的形态是根据敌情而不断变化流转的。孙子将这种情况比喻成水的流动，即自身没有任何固定的形状，总是灵活地顺应地形来确定前进方向。

　　因此，将军需要拥有坚韧不拔的精神，这样才能经受得住持续的紧张思考，这种思考就像让孔子感叹道"逝者如斯夫，不舍昼夜"（《论语·子罕》）的河流一样，片刻不得停息。如果无法忍受不断的思索和判断，为了避免痛苦而偷懒采用既有模式的话，它就会立刻变成一种死板、僵硬的东西，从而把军队引向失败。想要在停止思考的硬壳中找到安身之地的懒惰想法不管在什么时代都绝不可能带来胜利。

第七章　军争篇

本篇讲述了比敌人后出发，却能先于敌人到达战场的战术。武经七书本、平津馆本的篇名为《军争第七》，十一家注本的篇名为《军争》。竹简本中，没有发现记载篇名的竹简，不过只记有篇目的木牍在第七篇篇名的位置可以看到"军"的字样，因此可以认为与十一家注本一样，竹简本的篇名也是《军争》。

30　以迂为直，以患为利

孙子说，一般来说，运用军队的方法是：将军在接到君主的出击命令之后，组编军队，统率士兵，一直到与敌军对阵时才停下来，在这一过程中，最困难的环节是军争，也就是围绕谁的军队能先到达战场而展开的竞争。军争的难点在于，要把迂回的道路变成直线的近路，要把担忧的事转变成有利的事。因此，前往战场时，先走看上去迂回绕远的道路，然后用利益引诱敌人，使其千里迢迢来到本军附近，这样，虽然比敌人后出发，却可以将战场拉到手边，从而比敌人先到战场，之所以能做到这点，是因为知晓把迂回的道路变成直线近路这一计谋。

军争做得好，可以带来好处。军争做得差，就会带来危险。如果让整个军队一起去争夺先到战场这一利益的话，因为大军无法进行灵活的运动，所以无法比敌军先到战场。但是，如果不顾军队整体而去争夺利益的话，行动尤其迟缓的辎重部队就会被遗弃在后方。

因此，如果为了使身体轻便而把铠甲脱掉，然后卷起来背在身上，以平时行军速度的两倍昼夜不停地进行强行军，试图去争夺百里之外的利益的话，结果就是大败，上军、中军和下军的三位将军都将被俘虏。强健的士兵走在前面，疲劳的士兵落在后面，其结果就是十个人中只有一个能到达。如果以同样的办法去争夺五十里之外的利益的话，就会使身为先锋的上将军战败而死，只有一半士兵能到达。如果以同样的办法去争夺三十里之外的利益的话，只有三分之二能到达。

就像这样，只用轻装的战斗部队去进行军争是不行的，因为军队失去运输部队就会败亡，失去兵粮也会败亡，失去物资的储备同样会败亡。

【原文】

孙子曰，凡用兵之法，将受命于君，合军聚众，交和①而舍，莫难于军争。军争之难者，以迂为直，以患为利。故迂其途，而诱之以利，后人发，先人至者，知迂直之计者也。军争为利，军争为危。举军而争利，则不及。委军而争利，则辎重捐。是故卷甲②而趋利，日夜不处，倍道兼行，百里③而争利，则擒三将军④。劲者先，疲者后，则十一以至。五十里而争利，则蹶上将，法⑤以半至。三十里而争利，则三分之二至。是故军无辎重则亡，无粮食则亡，无委积⑥则亡。

【注释】

①和：营门。在营垒上竖起两根旌，作为军营的正门。"交和"指两军安营扎寨之后互相对峙。　②卷甲：为了奔走时身体能够轻便一点，把皮制的铠甲卷起来背在身上。到达战场之后，再把它摊开穿在身上。　③百里：当时一里大约是400米，百里大约是40公里的距离。　④三将军：分别率领上军、中军和下军的三位将军。当军队纵向行军时，三军分别相当于先锋部队、主力部队、后卫部队。　⑤法："不变的规则、准则"之意。这里指在估算到达战场的士兵比例时应该依据的标准。　⑥委积："委"是堆积，"积"是储备。这里指军需物资的储备，军需物资包括：军队为了在友邦的领土上购买粮食物资而携带的财物，军队为了派使者去各国送礼而携带的充当外交费用的财物，兵器，土木工程所用的材料，等等。

【解说】

所谓军争，指的是为了比敌人先到战场，以有利的态势进入战斗而展开的竞争行为。如果能先到达战场，就可以获得很大的好处，比如在把握周围地形的基础上在关键地点布阵，或者根据地势选择是否部署伏兵，再或者可以让士兵充分地休息，等等。

不过，如果过于老实地去实施这一行为，也就是真的让军队向着战场奔走，与敌军比拼谁能先到战场的话，就不得不把补给部队丢弃在后方，而且战斗部队的队列也会出现断裂，士兵们只能断断续续到达战场，在疲劳和混乱的情况下投入战斗，最后以战败这一悲惨的结局收场。

因此，孙子主张舍弃这种老实巴交的做法，提倡"以迂为直，以患为利"的做法。也就是说，因为本军走的是迂回路线，离战场较远，所以离战场更近的敌军掌握了前述的种种好处，而本军将会战败，无法达成战争目的，这种事态是令人担忧的。应该选择一种能够彻底改变这一绝对不利态势的方法，使本军直线行进并先到达战场，将不利条件全部转变为优势。

不过，正如孙子自己所说的那样，这是一种极其高级的战术，实施起来难度极大。孙子提出的具体方案是："迂其途，而诱之以利，后人发，先人至。"以前这段话多被解释为"本军装出一副好像要走迂回路线的样子，使敌人掉以轻心，同时用好处诱使敌人去往别的方向，以消磨其时间，然后本军趁着这段时间先到达战场"。

　　然而，新发现的竹简本《孙膑兵法·擒庞涓[1]》篇中记载了孙膑使用该战术获取了实际胜利的桂陵之战的经过。从记载的内容我们可以看出，孙子所说的军争的真正意思与此前的解释有着很大的不同，并非在将战场固定在一处的前提下来考虑的。下面我就试着用这一实例来解说"迂直之计"所拥有的复杂构造。

　　魏惠王[2]企图攻占赵国首都邯郸。他认为，这场战争的对手并非只有赵国，齐国也一定会介入，来救援赵国。于是，他命令将军庞涓用八万兵力占领了茬丘[3]这个地方。当齐军为了救援邯郸而向西直线行进、走最短路线的时候，一定会经过茬丘这个要冲。魏惠王的战略就是在该要冲部署兵力以阻止齐军西进，事先消除背部受敌的隐患，从而可以全力围攻邯郸。

1　? —前 341 年，战国时期魏国将军。曾与孙膑同修兵法，因嫉妒孙膑之才，将孙膑诱骗至魏国，处以膑刑（剔去膝盖骨）。后来在马陵之战中大败，自刎而死。
2　前 400—前 319 年，即战国时期的梁惠王。魏文侯之孙，在位 50 年。在位期间将魏国都城从安邑（今山西夏县西北）迁至大梁（今河南开封），此后魏国亦称梁国。
3　今山东省茌平县境内。

齐威王[1]得知此事之后，命令将军田忌[2]率领救援军南下，向齐国和卫国的国境附近进发。因为既然被魏国先行占领了茌丘，就只能放弃直线向西的行军路线，先向南绕道，然后再向西北进军。

然而，察觉了这一动向的庞涓从邯郸抽出一部分兵力，不辞远路地占领了卫国北部一带。齐军又被魏军抢占了先机。于是，将军田忌就想救援卫国以驱除魏国的兵力，坚决按照原计划通过卫国北部，然后前往邯郸。但是，军师孙膑进言阻止了该计划，让田忌放弃救援卫国的念头。田忌非常吃惊地问孙膑：我们好不容易绕道到了南方，如果在这里把卫国拱手让给敌人的话，救援邯郸不就成了泡影了吗？

此时，孙膑提出的方案是：继续向南绕道，去进攻魏国的平陵[3]。平陵是魏王直辖地（县）的中心城市，虽然城池的规模较小，但管辖的地盘（县）面积很大，人口众多，兵力也很

---

1 前378年—前320年，姓田名因齐。在位时期，针对卿大夫专权、国力不强之弊，任用邹忌为相，田忌为将，孙膑为军师，进行政治改革，修明法制，选贤任能，赏罚分明，国力日强。他还礼贤重士，在国都临淄（今山东淄博东北）稷门外修建稷下学宫，广招天下贤士议政讲学，成为当时的学术文化中心。在位36年。
2 战国时齐国将军。因封于徐州（今山东滕州南），又称"徐州子期"。曾向齐威王推荐孙膑为军师。率军先后在桂陵（今河南长垣西北）、马陵（今河南范县西南，一说今河北大名东南）大败魏军。因与齐相邹忌不和，被诬谋反，一度去往楚国，楚封于江南。
3 今山东省菏泽市定陶区东北。

强大，是东阳地区[1]首屈一指的军事城市，可以预料，这里很
难被攻破。而且平陵的北边是庞涓已经占领的卫国，南边又有
宋国，齐军不能途经这两国的领土。如果要避开这两国的领
土，从本国对平陵的齐军进行补给的话，途中又有魏国的军事
据点市丘挡住去路。不管怎样，补给线都会被完全切断。这样
一来，就算再怎么试图通过攻打平陵来牵制正在包围邯郸的魏
军，平陵也没有被攻陷的危险，魏军置之不理也没关系，所以
起不到任何的牵制作用。再者，这么做会向南绕很远的路，在
远离邯郸的平陵把战斗力消耗在攻城上，而且补给也会被切
断，所以齐军将成为瓮中之鳖，自取灭亡。如此一来，齐军去
救援邯郸的希望就完全破灭了，庞涓可以放心地集中精力攻打
邯郸。孙膑在指出了这么多的不利之处后献计说，我们就特意
上演这么一出愚笨的行动，向庞涓装出一副我们在军事方面完
全无知的样子。

没有完全理解孙膑意图的田忌听从了这个计划，命令全军
南下攻打平陵。这时，孙膑建议田忌从本军的部将中挑选最不
懂军事的齐城和高唐这两位大夫，让他们去正面进攻平陵城，
并向他们保证，大部队会从后方掩护他们。孙膑还建议说，等
到进攻正式开始之后，就违背诺言，让大部队迂回绕过守卫平

---

1 魏国都城大梁以东的地区。

陵城正面两侧的敌方外围阵地，去攻打守卫城池背面的敌方外围阵地。这样一来，被大部队放过的两侧外围阵地的敌方兵力就会对失去后方支援的高唐和齐城的部队进行侧面攻击，正在分头尝试对城池正面进行蚁附攻击的两支部队就会各自遭遇夹击而大败，两位部将也一定会战死。田忌仍然没能完全理解孙膑的真正意图，但还是照做了。果然，齐城和高唐的两支部队落败，二人也按计划战死了。

这时，走投无路的田忌把孙膑叫过来问道：我听从你的计划攻打平陵，城池没攻下来，却失去了两位高级指挥官，接下来你打算怎么办呢？孙膑回答道：派遣轻型战车部队前往魏国都城大梁的郊外，把那里破坏得乱七八糟，让对方以为我们是在为进攻平陵失败而泄愤，这样的话庞涓应该会很生气，然后，从平陵抽出一部分步兵部队去跟战车部队会合，在分散和减少我军平陵兵力的情况下继续攻打平陵，装出一副我们还在继续进行毫无获胜希望的攻城战的样子。

田忌照孙膑的话去做了，庞涓果然中止了攻打邯郸，把辎重部队留在后方，昼夜兼程向南急行军，试图从背后攻打正在围攻平陵的齐军。于是孙膑立即让齐军从平陵北上，在桂陵以逸待劳地等着疲惫赶路的魏军，最终大败庞涓。

以上就是《擒庞涓》篇记载的桂陵之战的始末。当把这段内容与《军争》篇联系起来看的时候，我们会发现，这场战斗是以齐国中途介入到魏国的侵略作战中这一形式开始的。因此，魏军当然已经先行到达了作为第一战场的茌丘和邯郸，齐国一开始就不得不面对"后人发"这一事态。为此，齐军试图向南绕道，迂回前进，但再次被抢占了先机，迂回时将要途经的卫国北部，也就是第二战场又被魏国占领了。如果想要夺回卫国北部的话，"后人发"这一事态仍然没有改变，与先到的魏军作战难免不利。

于是，孙膑采取了进一步向南绕道去进攻平陵的办法。但是，这样一来，离原本应该作为战场的邯郸越来越远了。而且孙膑将本军的两位大夫作为幌子，故意见死不救，从而给敌人一种齐军陷入了苦战和困境的强烈印象。

就这样，齐军上演了一出苦肉计，让对方完全放心地认为，不用说救援邯郸了，齐军连自身都难保。然后，又出其不意地在魏国都城的近郊搞破坏，使庞涓的心理状态从放心突然转变为激怒。于是，庞涓为了一举歼灭处于困境中的齐军，昼夜兼程地南下。这正是孙子视为禁忌的不折不扣的"委军而争利"式的军争，魏军的战斗力急剧下降。孙膑在魏军必经的桂陵以逸待劳，这意味着第三战场的地点由本方来决定，从而将原本无论如何都无法先到的战场拉到了自己手边。

孙膑真正做到了下面这点，即虽然走的是离战场最远的迂回道路，但最终将其转变成了与战场直接相连的最近的路。同时，把所有对本军不利、使本军陷入忧患的事件（接二连三被抢占先机，无法先行到达茬丘、卫国北部、邯郸等所有预想中的战场；自己主动走入死胡同，陷入孤立，并被切断补给通道；攻打坚不可摧的平陵城失败，两位大夫战死；抽出兵力去大梁，分散和减少了平陵的齐军兵力；等等）当作诱饵来引诱庞涓，从而将这些不利之处悉数转换为了对本军有利之处。

就这样，正如孙子所教导的那样，孙膑完美地实现了"以迂为直，以患为利""迂其途，而诱之以利，后人发，先人至"这一难上加难的目标。而且，反倒逼得魏军方面不得不老老实实地进行被视为禁忌的军争，最终获得大胜。

以上就是我借助实际运用了军争理论的战史，对该理论的复杂构造进行的解说。通过这一解说，我想大家应该对孙子所说的"迂直之计"的真正含义有所了解了吧。

31 不知诸侯之谋者

因此，如果无法揣摩出诸侯在计算利害得失时的想法，就不能事先与其结下亲密的关系。如果对山岳、森林、险峻的要害、湿地等地形无法做到胸中有数，就不能命令军队行军。如果不使用熟知地理的向导，就无法获得地形所带来的利益。

【原文】

是故不知诸侯之谋者，不能豫交。不知山林险阻沮泽之形者，不能行军。不用乡导①者，不能得地利。

【注释】

①乡导：乡，同"向"，"前往，站在前面"之意。"乡导"指在军队前方负责带路的人。

【解说】

前面已经讲过，孙子所设想的战争的一般形态只有一种，那就是长驱直入地攻入他国领土。作为其必然的结果，军争的舞台一定位于他国的领土内，无论该国是敌国还是友邦。因此，随着进攻的展开，需要进行各种外交方面的交涉，比如请友邦答应让本军通过其领土，或者通过间谍活动让敌国的盟国放弃出兵的念头，等等。

这时，作为交涉对象的诸侯会衡量支持敌国和本国哪一方对其有利，对于诸侯心中的算盘，必须事先加以洞察。其原因在于，当第三国想要支持敌方时，其理由是因为害怕敌国的报复，还是因为想卖个人情给敌国，以期盼其能返还过去夺走的领土？如果不事先打探出其中的内部情况，就无法采取相应的措施来离间第三国诸侯和敌国。

对于盟国和友邦，也需要对其内情了如指掌，比如在什么情况下，它们会突然倒戈投敌，从而使远征军陷入困境。因此将军需要一边分析国际政治和军事的复杂关联，一边带领军队向会战的预定地点前进。

另外，因为总是在他国的领土上行军，所以必须用地图事先对地理情况进行调查和研究，选择最佳的行军路线。山岳对于躲在山脊背后的行军很重要，森林在薪柴的补给和预料敌人的伏兵方面很重要。不管是在确保本军的进攻路线和退却路线方面，还是在制约敌军的移动方面，都必须熟知能够利用险峻地形来阻止大军的要害之地，比如峡谷等。湖沼、河川等水泽地带在给士兵、牛马提供饮用水以及延缓行军等方面也是重要的区域。

不过，地图经常会与实际地形不一致，因此，对于仅凭地图无法精确知晓的地形，必须雇用熟知那片土地的人，让其给军队带路。如果这方面做得不力，就有可能让难得的地利轻易从手边溜走。

凭借以上周到的考虑，才能在率领大军远征陌生的土地时，在与敌人的军争中获胜。

32 兵以分合为变者也

因此，军事行动以欺骗敌人为基础，只根据利益来行动，运用分散和集合的战法，采取随机应变的措施。

所以，像疾风那样迅速进行攻击，像树林那样安静地待命，像四面燃烧的火焰那样骤然入侵，像山一样稳坐不动，像黑暗一样隐藏起实际情况，像雷鸣一样突然启动。要想把虚假的前进路线展示给敌人，就让部队分头前进。在扩大占领地盘的时候，让部下分别据守各要地。运用权谋，伺机而动。

先于敌人察觉将迂回道路变成直线近路的手段，这才是军争的方法。

【原文】

故兵以诈立，以利动，以分合为变者也。故其疾如风，其徐如林，侵掠如火，不动如山，难知如阴，动如雷震，指向①分众②，廓地分利，悬权③而动。先知迂直之道者，此军争之法也④。

【注释】

①指向：其余诸本作"掠乡"，但《通典》¹卷一六二作"指向"，与陈皞注中所引某本的"指向"相合，从句意来看，"指向"更好。"向"意为"前往的地方"，"指"意

1　中国历史上第一部体例完备的政书，记载历代典章制度的沿革。唐代杜佑撰，200卷。分为食货、选举、职官、礼、乐、兵、刑、州郡、边防九门。

为"指示目的地","指向"意为"向敌人展示虚假的前进路线"。　　②分众：把大军分为若干支，让他们分头前进。相当于"以分合为变"中的"分"。　　③悬权：将砝码（权）放在天平的盘上，使得倾斜快速逆转。这里指运用权谋变迁为直，一举逆转敌军先出发而本军后出发这一不利形势。　　④竹简本中，上一句的"者"和本句的"军"之间有一个字大小的空缺，原本应该写的是"胜"或者"此"。在这里，我将"法"字理解为"方法"，而不是"规则、规律"，补入了"此"字。

【解说】

　　正如前面所解说的那样，要想变迁为直，在军争中取胜，需要军队进行极其巧妙的运动。其基本形式有两种：一是分进，即把部队分成若干支，令他们沿不同的路线进攻；二是合击，即令所有兵力集结到一个地点并投入战斗。根据局势的变化将这两者加以组合，就会产生多种多样的变体。通过这种变换自如的运动来隐瞒本军的真实意图，从而使敌将的判断出现错误，以便在不断流转变动的、复杂的机动战中迅速觅得胜机。

　　"其疾如风，其徐如林，侵掠如火，不动如山"这四句是甲斐武田氏的军旗，也就是所谓的风林火山旗的出典，在日本尤其出名。我想，武田信玄[1]当然是读过《孙子》的。那么信玄是否真的将孙子的兵法当作了准则呢？其实并非如此。这有点出人意料。武田家的兵书《甲阳军鉴》中记载着信玄的下面这段话，指出了中国兵法缺乏有效性，"仅仅阅读从唐土传到日本的兵书是无法做好人数的分配、战备、布阵、在边境处筑城等事的，而这些是优秀兵法的必备要素"（品第廿五）。曾经担任信玄军师，同时也是京流[2]军事家的山本勘助[3]也从同样的观点出发，说了下面这番话，"唐土的兵法认为好的阵法是：一鱼鳞，二鹤翼，三长蛇，四偃月，五锋矢，六方圆，七衡轭，八井雁行，但在日本却看不出它们好在哪里"（品第廿七）。

从中我们可以明白，由于地理、气象等自然条件以及军队构成、武器等历史条件的差异，中国兵法有时很难直接适用于日本。即便是将《孙子·军争》篇中的一段话写在军旗上的甲斐军团，对于中国兵法的接受度也是相当低的。不过，对于更关心实战技术而不是理论的战国大名来说，这也是理所当然的。

---

1 1521—1573 年，日本战国时代的武将。

2 由阴阳师鬼一法眼（宪海）创始的兵法，据说后来传给了源义经。也叫鬼一流。

3 生卒年不详。室町时代末期的军事家，曾任武田信玄的军师，据传在川中岛战役中战死。

33 一民之耳目

因此古代的兵书上记载：如果光是用嘴巴说，则互相听不见，所以准备了鼓和钲；如果光是打手势，则互相看不见，所以准备了旗和帜。正因为如此，白天的战斗中多使用旗和帜，夜战多使用鼓和钲。鼓、钲、旗、帜等是把士兵们的视觉和听觉机能统一到将军所指令的方向上来的手段。如果士兵们的注意力集中到了一点上，那么勇敢者就无法自作主张地前进，胆小者也无法自作主张地后退了。这就是指挥大部队的方法。

因此，对于敌军士兵，可以夺取他们的精力，对于敌方的将军，可以夺走其冷静的心。清早的精力很旺盛，中午精力开始松懈，傍晚精力就萎靡了。因此，善于用兵的人会避开敌兵精力旺盛的时候，而在其精力松懈或萎靡的时候发起进攻。通过这种做法，可以夺取敌军的精力，对其加以控制，从而使情形对本方有利。

用处于井然有序的统领下的军队来等待统领混乱的敌军，用处于精神稳定、安静状态下的军队来等待精神散漫、人声嘈杂的敌军。通过这种做法，可以让敌将的心变得慌乱或焦躁，从而夺走其冷静，控制其心理，使情形对本方有利。

在战场附近等待来自远方的敌军，一边舒舒服服地休息一边等待疲劳的敌军，在吃饱的状态下等待饥肠辘辘的敌军。通过这种做法，可以控制敌军的战斗力，使情形对本方有利。

对于有条不紊地举着旗帜前来的军队，不要加以迎击；对于层层布阵的敌人，不要发起攻击。通过这种做法，可以等待敌人的状态恶化，也就是说可以控制敌军的变化，使情形对本方有利。

【原文】

是故军政^①曰，言不相闻，故为鼓金^②。视不相见，故为旌旗^③。是故昼战多旌旗，夜战多鼓金。鼓金旌旗者，所以一民之耳目也。民既已专一，则勇者不得独进，怯者不得独退。此用众之法也。故三军可夺气，将军可夺心。故朝气锐，昼气惰，暮气归^④。故善用兵者，避其锐气，击其惰归。此治^⑤气者也。以治待乱，以静待哗^⑥。此治心者也。以近待远，以佚待劳，以饱待饥。此治力者也。毋要^⑦正^⑧正之旗，毋击堂堂之陈。此治变者也。

【注释】

①军政："政"为"法"之意。应该是指像《司马法》¹那

---

1 中国古代兵书，武经七书之一，较多辑存了春秋以前的军事制度和军事思想。《汉书·艺文志》著录为155篇，今存5篇。

样的记载军队组编方法、指挥方法的古代兵书。　②鼓金："鼓"是用作进攻信号的大鼓。"金"是用作撤退信号的钲，铎是最常见、最具代表性的钲。　③旌旗："旌"是在竹竿顶部挂上牦牛的尾巴，再用鸟的羽毛加以装饰的军旗。"旗"是画有虎、熊等猛兽图案，竖立在司令部里的军旗。这里的"旌旗"是所有旗帜的总称。　④归：此处为"尽、终止"之意。　⑤治："主宰"之意。这里指操纵控制对方，使得情形对本军有利。　⑥哗：喧闹。这里指士兵们不服从将军的管制，整个军队一片骚然的状态。　⑦要："迎击"之意。挡在敌人的前进道路上，对其加以迎头痛击。　⑧正：竹简本中写作"癀"。可能与"糸"同音，在古音中通"正"。在此我采用了十一家注本中的写法，作"正"。

【解说】

继军争的方法之后，本段说的是投入战斗的方法。首先是指挥命令系统的完善，旌旗与鼓金相当于《势》篇中所说的"斗众如斗寡，形名是也"中的"形"和"名"。当时的军队以征募来的农民为主体，因此，单个士兵的战斗意志和战斗技能很低，集团战术的优劣在很大程度上决定了战斗的胜负。所以，将军需要呕心沥血地想办法让自己的指令彻底传达给众多士兵。

第二个方法是看清敌军精力的变化,抓住其士气衰弱的时机发起战斗。第三个方法是先行到达战场,准备好"徐如林"的态势,与在一片嘈杂中赶到战场的敌军交战,趁着急躁地想要恢复对军队的统领的敌将心理上动摇之时击败敌军。第四种方法也是先到达战场,让士兵们充分休息以提高他们的战斗力,而迟到的敌军则因为疲劳和饥饿而战斗力低下,在这种状态下与敌军交战,就可以凭借战斗力上的差距来压倒敌人。

第五种方法是,对于那些已经做好了万全准备的敌军,比如旗帜林立且丝毫不乱、肃静地攻过来的敌人,或者是已经完成了完美的布阵、正在待命的敌人,不要立刻进攻,而是用小股部队去反复进行骚扰式攻击,等待敌人的态势恶化之后再发起战斗。

34 高陵勿向

所以在使用大军的时候,不能进攻在高高的山丘上扎营的敌军,不能迎击背靠山丘进攻过来的敌军,不能追击佯装败走的敌军,对于已经包围起来的敌军要为其留一个逃跑的口子,不能阻拦想要回国的敌军。这就是使用大军的方法。

【原文】

故用众之法，高陵勿向，倍①丘勿迎，佯②北勿从，围师遗阙③，归师勿遏④。此用众之法也。

【注释】

①倍：同"背"，"背对，违背"之意。 ②佯：伪装。 ③阙：同"欠"，此处是指故意在包围网的一角打开缺口。 ④遏：同"止"，"阻止，挡住"之意。此处是指堵住去路，阻止其回国。

【解说】

承接上一段，列举了投入战斗时必须避免的几种做法。

一旦占领了高地，就会拥有很多优势，比如弩弓比较容易狙击下方的目标，戟、戈等长柄武器刺出去的势头也会更猛，投石的威力也很大，等等。因此，从下方向上进攻在高高的山丘上布阵的敌人是极为不利的。

如果迎击背靠山丘进攻过来的敌军，即使敌军被击退，他们也可以撤退到山丘上，占领高地，而这对敌军是有利的，最终还是不得不进行对本方不利的战斗。

所谓"佯北"，就是故意装出败北的样子而逃走，对追击而来的敌人进行诱导的战术。如果对方的败走和逃跑不是很彻底，显得有些犹豫，而且在逃跑方向上有草丛、森林、丘陵、窄路等视野不好的地形的话，就必须要加以怀疑。如果不注意的话，就会被伏兵所包围。

当完全包围了敌军之后，敌兵活下去的希望就被切断了，他们会拼死奋战，从而给本军带来很大的损失。因此，可以故意在包围网的一角打开缺口，这样敌兵就会争先恐后地逃跑，本军可以以半月形包围网的形式对其加以追击，这样效果更好。

如果挡住想要返回的远征军的去路，试图阻止其回国的话，那么充满思乡念头的敌兵就会为了突围而拼死奋战，这同样会给本军带来很大的损失。这种情况下，不要挡在他们前面，而要从后方进行追击，这样更容易取得战果。

并不是说一旦发现敌人就要不管三七二十一地马上投入战斗。必须要洞察敌人的态势、意图或心理状态，仔细推算出如何投入战斗才对本方有利。

第八章　九变篇

本篇讲述了九种随机应变的方法。武经七书本、平津馆本的篇名均为《九变第八》，十一家注本的篇名为《九变》。竹简本中没有发现记载有本篇篇名的竹简，而且写有十三篇篇名的木牍在此处也有残缺，字迹无法辨认。

35 将通于九变之利者

孙子说，一般来说，运用军队的方法是：将军在接到君主的出击命令之后，组编军队，统率士兵出击。这时，不能在圮地宿营，在衢地要和天下诸侯结成亲密关系，在绝地不可停留，要快速通过，在围地要思考脱身之计，在死地则要拼死力战。

在众多道路中，有些是绝对不能通过的。在众多敌军中，有些是绝对不能攻击的。在众多城池中，有些是绝对不能攻占的。在众多土地中，有些是绝对不能争夺的。在众多君主的命令中，有些是绝对不能接受的。

因此，将军中只有通晓九变——九种应急措施——所能带来的好处的人，才算是真正懂得了运用军队的方法。身为将军却不精通九变的好处的人，即使知道战场的地形，也无法将该地形带来的好处收归已有。统率着军队却没有掌握九变的谋略的人，即使在观念上知道五种地势的应对方法，到了关键时刻也无法充分地发挥出士兵们的力量。

【原文】

孙子曰，凡用兵之法，将受命于君，合军聚众，圮地①无舍，衢地②合交，绝地③无留，围地④则谋，死地⑤则战。涂有所不由。军有所不击。城有所不攻。地有所不争。君命有所不受。故将通于九变之利⑥者，知用兵矣。将不通于九变之利者，虽知地形，不能得地之利矣。治兵不知九变之术，虽知五利⑦，不能得人之用矣。

【注释】

①圮地："圮"表示"断绝、崩裂、破损"等意思。竹简本的《九地》篇中"圮地"作"泛地"，因此竹简本在此处应该也是"泛地"。"泛"同"汜"，表示"漂浮、摇动、倾覆、不固定"等意思。《九地》篇中说"行山林沮泽，凡难行之道者，为泛"。不管写成哪个字，其意思都是指脚底不稳、行军困难的高低不平的地形。　②衢地：指通往各个国家的大路

交会的十字路口，交通要冲。《九地》篇提到"诸侯之地三属，先至而得天下之众者，为衢""四彻者，衢地也"。　　③绝地：指与本国隔绝的敌国领土腹地。《九地》篇中的说明是"去国越境而师者，绝地也"。　　④围地：像开着口的袋子那样，三面被山岳或丘陵包围，只通过一条狭窄的小路与外部相连的土地。《九地》篇中提到"所由入者隘，所从归者迂，彼寡可以击吾众者，为围""倍固前隘者，围地也"。　　⑤死地：背后和左右两侧完全被悬崖绝壁等险峻地形所包围，而且前方有强大的敌军安营扎寨的土地。《九地》篇中提到"疾则存，不疾则亡者，为死""倍固前敌者，死地也"。　　⑥九变之利：从"圮地无舍"开始到"地有所不争"为止的九种应变措施所带来的好处。第一个"九变之利"在十一家注本中作"九变之地利"，但武经七书本、平津馆本以及《太平御览》[1]卷二七二、《北堂书钞》[2]卷一一五的引文中都没有"地"字。从句意来看，"地利"更好，但考虑到与下文的对应，我还是把"地"去掉了。　　⑦五利：从"圮地无舍"开始到"死地则战"为止的五种应变措施所带来的好处。

1　宋太宗命李昉等人编辑的类书，共1000卷，分55门。书中共引用古书1690种，保存了大量宋以前的文献资料。

2　唐初虞世南编辑的类书，共160卷。摘录群书名言隽句，供人作文时采撷词藻之用。分类编排，共852类。所收多后世失传之书，可供辑佚。

【解说】

《九变》篇的篇首被怀疑存在很大的错乱，一直是众人议论的焦点。怀疑的理由有以下几点：从"孙子曰"到"合军聚众"这四句与《军争》篇的开头完全一致；从"圮地无舍"开始的五句中，除了"绝地无留"之外，全部与《九地》篇重复；篇名虽然叫《九变》篇，但从"圮地无舍"到"死地则战"，只有五变，而如果把"涂有所不由"到"君命有所不受"这五句加上去的话，则又成为十变了。

因此，明朝刘寅[1]的《武经七书直解》所引的张贲注以及荻生徂徕[2]的《孙子国字解》中都对文本进行了修改，在《军争》篇末尾的从"高陵勿向"开始的八句（竹简本为五句）后面，加上了《九变》篇开头五句中不与《九地》篇重复的"绝地无留"这句话，以凑成九变之数。

本来人们期待竹简本的出土可以一举解决这个问题，但目前为止能够确认属于《九变》篇的竹简只有几支断简，而且篇首部分基本没有留下来。因此，人们很可能认为篇首的真相依然是一个谜。不过，如果对竹简本加以仔细研究，就会发现一

1　字拱辰，明初山西崞县人，洪武四年（1371）进士，授兵部主事，累迁侍郎。其《武经七书直解》，广为学者称道，被列为解武经最佳之书。
2　1666—1728年，日本江户时代中期的儒学家。名双松，字茂卿。一开始信奉朱子学，后来信奉古文辞学，是日本古文辞学派的创始人。著有《辨道》《辨名》等书。

些线索，可以依靠这些线索来基本复原真相。

如前所述，竹简本《九变》篇的篇首部分几乎都缺失了。但是，发现了一支上面写着"地则战"三个字的断简。很明显，这是篇首所列举的五变中的最后一句"死地则战"中的三个字。这一事实表明，竹简本《九变》篇篇首的格式与此前诸本相同，再加上竹简本《军争》篇的篇末只有五句，根据这两点就可以断定，张贲和徂徕对文本的修改是不正确的。

另外，竹简本中还包含了写有"攻，地有所不争"六个字的断简，由此可以确认，接在篇首五句之后的，仍然是与现行本内容相同的五句。总而言之，竹简本《九变》篇的篇首与现行本基本上是同一排列顺序。

这样一来，就必须在不改变原文这一制约条件下来思考"九变"所包含的内容。当以这种形式进行推理时，最大的障碍在于，从"圮地无舍"开始的五句，也就是五变，加上从"涂有所不由"开始的五句，一共是十变，与九变之数不合。

给这一难题提供了解决线索的是竹简本中包含的《四变》篇（该篇名是根据推测得出的）中的记述。该篇将《九变》篇中从"涂有所不由"到"地有所不争"这四句抽出来，对它们分别进行了详细的解说。重要的是，该篇在对这四句进行了说明之后说道，"君令有所不行者，君令有反此四变者，则弗行也"。

据此，从"涂有所不由"开始的五句中，前四句被总称为"四变"，最后一句则不属于"变"。因此我们可以知道，从"圮地无舍"开始的五句，即五变，加上这四变，就是孙子所说的"九变"。

实际上，十一家注之一的何延锡注已经指出：其他都是和地利有关的事项，只有"君命有所不受"这一句与地形无关，因此除去该句之外的九项就是九变。竹简本的出土可以证明，何延锡的这一推理才是正确答案。

下面我想试着解说一下九变各自的内容。在圮地，也就是很难行走的土地上，原本就排成长蛇的大部队的行军将越发迟缓，即使受到敌人的攻击也很难迅速应对。为了降低这种危险，在圮地绝不能宿营，应该尽快通过。

如果到达了衢地，也就是通达四方的交通要地，就应该利用地利，向各国派遣使节，与天下诸侯结成亲密关系，以便向各国索要好处，同时使敌国在国际上陷入孤立。

攻入绝地，也就是敌国的腹地时，从本国进行补给将变得十分困难，因此随着军事行动时间的延长，战斗力会逐渐减弱，迟早会招致大败。所以，在绝地必须彻底避免持久战，趁着战斗力尚可时，用计谋将敌军主力引诱出来，通过大会战一举决出胜负，然后迅速班师回朝。

在山岳地带行军期间，有时会意外地进入围地，也就是三方被险峻地形包围，只有一条小路与外界相连的土地，这时必须赶紧思考脱围之计。不过，如果撤退时试图沿原路返回的话，排成长蛇的队列就不得不沿着蜿蜒曲折的羊肠小道移动，如果这时受到敌人的追击，前方部队就无法救援后方部队，因此就会从最后方的部队开始依次遭受重大损失。所以在退却时，必须首先在前方的通道上部署守备队，主动将袋口封锁起来，使敌军无法入侵到围地内部进行追击，然后再从容不迫地撤退。

当进入了死地，也就是三面完全被悬崖等包围，而且前方又有强大的敌人布好了阵势、无路可逃的土地时，经过的时间越长，被全歼的危险就越大。所以要立刻发起总攻，全军上下团结一心向外冲，趁着敌人畏缩之际迅速突围。以上是五变。

接下来是后面的四变，我想根据前面提到的《四变》篇中的记述进行说明。所谓不能通过的道路，是指这些道路的途中有会让行军变慢的险要地段，如果贸然进入，行军就会在险要地段停滞下来，前进会变得非常缓慢，如果先头部队强行通过险要地段继续前进，后续部队就会在险要地段陷入进退两难的境地，整支军队就会断成两截。而如果为了确保前后相连，让先头部队在通过险要地段后停下来的话，兵力就会被分割开，在受到敌人攻击后将成为俘虏。因此，这样的道路是绝对不能走的。

　　所谓不能攻击的军队，指的是这样一种敌军：虽然从敌我双方的兵力上来看，通过正面攻击完全有可能击败对方，但经过深思熟虑后发现，还有其他更加巧妙的办法，有可能不费吹灰之力就能击败对方。这样一来，发起会带来很大损失的正面进攻就是一种愚蠢的行为，所以可以暂时不发起进攻。

　　所谓不能攻占的城池，指的是这样几种城池：第一种是从兵力上来看完全是可以攻陷的，但就算拿下了该城池，对于此后的前进也没有什么特别的好处，而且接下来也没有把握能永远守住它；第二种是不管如何拼命攻击都毫无攻陷的希望，于是直接绕过该城池继续前进，在前方获胜之后，它会自动丧失战斗意志，前来投降，或者是即使不一定能在前方获胜，此后也不会对本军产生危害的城池。在这些情况下，要避免浪费时间和战斗力，把敌人的城池抛在一边不加理睬，继续前进，这样做才是上策。

　　所谓不能争夺的土地，指的是在无法获得水和粮食的恶劣环境中，即使能够夺取，也无法长期占领下去的不毛之地。付出巨大的牺牲去和敌人争夺这样的土地是愚蠢的，最好一开始就不争。以上是四变。

　　如果君主不了解这些应变措施所能带来的好处，乱发命令的话，将军必须拿出勇气，断然拒绝这样的命令，把军事利益放在第一位。

36 智者之虑，必杂于利害

因为这样的缘故，智者在考虑一件事情的时候，一定是把利和害两方面掺杂在一起加以洞察的。能够带来利益的事情同时也有有害的一面，如果能这样来思考，这项事业就一定能按照原计划完成。有害的事情同时也有有利的一面，如果能这样来思考，就可以消除忧虑。

因为这样的缘故，要想让诸侯的意志在本国的意图面前屈服，就要对其一味强调危害性；要想役使诸侯，就要让其加入一项极具魅力的事业，使其甚至可以不顾可能会产生的损失；要想让诸侯四处奔走，就要隐瞒有害的一面，只让其看到利益。

【原文】

是故智者之虑，必杂于利害。杂于利，故务可信。杂于害，故忧患可解。是故屈诸侯者以害，役诸侯者以业，趋诸侯者以利。

【解说】

所谓九变之术，就是随机应变地计算利害关系的策略。本段讲述的就是应该从利和害这两方面去观察事物。

所有的事情一定同时具备有益处的一面和有危害的一面，

这两个方面是以互为表里的形式并存的。如果在行动时只看到有利的一面，不久就会被原本隐藏不露的有害一面拖住后腿，事业就无法如愿获得成功，对于和利益如影随形的危害面，绝不能视而不见，而是要事先订立对策，这样，事情才能够按照当初的计划进展下去。

如果只看到有害的一面，在做事情之前就会有各种担心，结果只能消极应对，一步也无法前进。但仔细想想就会明白，有害的反面一定潜藏着利益。如果能注意到有利的一面，从中发现重大意义的话，那么一度令人绝望的深深的忧虑就会烟消云散，积极果断的行动也就成为了可能。

贪得无厌者只想获得利益，胆小者则不想蒙受一点损失，他们都不会把利害得失放在天平上加以衡量，也就是不懂得从多个方面去看待事情，因此会被眼前的利害所迷惑，最终失去整体利益。

话虽如此，但容易被眼前的利害牵着鼻子走是人之常情。因此，如果能反过来利用这种人性的弱点，就可以随心所欲地操纵对方。

当某他国诸侯想要着手一项对我国不利的事业时，可以接二连三地列举出这项事业会带来的各种危害，给对方一种前途困难重重的强烈印象。然后再提醒对方还是慎重一点好，令对方在障碍面前退缩，主动放弃该项事业。对于胆小者，这一招特别管用。

另外，对于国力强盛、如果盯上我国将会威胁我国安全的他国诸侯，可以吹捧说，能够实现这么伟大的事业的只有您，从而让其参与到大事业中。此时，需要列举成功之后可能获得的名声和光荣等，令对方忘记有害的一面。这样就可以让对方一心认为该事业拥有光辉灿烂的未来，从而将其拖入艰难的事业，在迟早会一一显露的危害面前，对方的国力会逐渐消耗掉，变得疲敝不堪。这一招对拥有强烈的自尊心和名誉欲的人特别有效。

此外，为了让诸侯东奔西跑，无暇注意我国的行动，可以只对某件事情有利的一面进行宣扬，令他们为了获得这些利益而四处狂奔。他们看不到潜藏在利益背后的危害，只知道拼命地四处奔走。然而，就算获得了这些利益，这些利益也是跟不被注意的损失融为一体的，因此，最后其实是利和害互相抵消了，剩下的只有时间和劳力的浪费，这其实也是一种损失。这一招对贪婪的人尤其管用。

37 恃吾有以待

因此，运用军事力量的原则是：不要寄希望于敌人不来，而要寄希望于我方做好充分准备，不管敌人什么时候来都不怕。另外，不要寄希望于敌人不进行攻击，而要寄希望于我方拥有足够的计谋，可以使敌人无法进行攻击。

【原文】

故用兵之法，无恃其不来，恃吾有以待。无恃其不攻，恃吾有所不可攻。

【解说】

上一段讲述的是操控他人的方法，这一段正好相反，说的是如何才能不受他人摆布，从而确保自己的主体性。

当本军尚未做好足以击退来犯之敌的准备时，当然会祈求敌人不要攻过来。这一弱点会让本方存有一种侥幸心理，认为敌人暂时应该不会进攻过来。不过，在这种状态下，万事都将取决于敌人的态度，本方很容易受到敌人计谋的摆布。

反之，如果本军做足准备，摆好架势待敌前来的话，那么就没有必要因为敌人的态度而时喜时忧了，可以在保持主体性的状态下进行战斗。战争中千万不能抱有不切实际的幻想，因为敌人不可能对本方抱有善意。

38 将有五危

因此，有五种危险会如影随形地跟着将军。行事草率、只有拼死一战的勇气的将军会被杀死；缺乏勇气、只想苟且偷生的将军会被俘虏；容易生气的急性子将军在受到侮蔑后会中对方的计；重视名誉、清白廉洁的将军在受到侮辱后会陷入对方的圈套；重情义、怜恤士兵的将军会因为照顾士兵而操劳不已。这五件事情是将军的过失，在运用军队时会带来灾难，使军队覆亡，使将军战败而死的原因肯定存在于这五种危险之中，必须充分地加以考察。

【原文】

故将有五危。必死可杀，必生可①虏，忿速可侮，洁廉可辱，爱民可烦。凡此五者，将之过也，用兵之灾也。覆军杀将，必以五危。不可不察也。

【注释】

①可：通"所"，这里用作被动态的助词。

【解说】

世人所说的优秀，就是在一个身体中同时具备了众多互相矛盾的性质。以飞行器为例，如果像滑翔机那样增大机翼面积，那么续航时间会增加，但飞行速度则会下降；相反，如果像火箭那样缩小机翼面积，那么速度会加快，但续航时间则会减少。因此，当兼具了速度快和飞行时间长这两种互相矛盾的性能时，就会被称赞为优秀的飞行器。在现实社会中，很难达到优秀的原因就在这里。因此，如果只是偏向某一方的话，虽然很容易做到，但不得不说水平就要低一等了。

将军也是这样，如果其精神只是偏向某一个方面的话，必然会招致灭亡。拼死一战的勇气从其自身来说，确实是将军必须具备的素质，但是如果没有预见未来、眼光长远的思考能力，就只不过是胡乱挥拳、乱喊豪言壮语、盲目冒进的莽夫，其下场只能是白白战死。

任何时候都坚信能够生还的坚韧不拔的忍耐力本身是身为将军必须具备的素质。但是，如果不是同时做好了拼死一战的心理准备，只是一味忍耐的话，就会陷入胆小者的优柔寡断，其下场就是在磨磨蹭蹭地左思右想的过程中被敌人包围，最终成为俘虏。

斗志旺盛和决断迅速本身对将军来说是有益的素质。但是，如果不是同时具备了沉着冷静的洞察能力，就只不过是爱发脾气的急性子。这样的将军在受到对方侮辱和挑衅时（比如对方会说："怎么了，害怕了？不敢前进了？"），会气血上涌，不顾后果地出击，其下场就是彻底中了敌人的计谋。

人格高洁、不被利欲诱惑本身是将军必须具备的素质。但是，如果一心想着维护名誉，缺乏即使被泼污水也不为所动的强韧神经，就只不过是自尊心强得出奇的道德家。这样的将军如果遭到敌方的辱骂，比如"你要逃跑吗？胆小鬼！"之类的，就会连些许耻辱都无法忍受，于是又抖起精神重返战场，最终战死。

作为掌管着众多生命的将军，爱护部下的慈悲之心本身是不可或缺的素质。但是，如果仅仅拘泥于此，没有同时具备冷酷无情的坚强意志的话，那就只是一个有同情心的人。这样的将军对于士兵受苦心里过意不去，因此总是想方设法去照顾他们，结果面对接二连三产生的麻烦事，身心俱疲。

因此，名将也需要同时具有互相矛盾的多重性格，拥有复杂而又协调的精神。

第九章　行军篇

本篇讲述了行军中需要注意的事项，如军队的前进和停止，敌情侦察，等等。武经七书本、平津馆本的篇名为《行军第九》，十一家注本的篇名为《行军》。竹简本中，没有发现记载有篇名的竹简，而且记载篇目的木牍此处文字也有缺失，无法辨认。

39　四军之利，黄帝之所以胜四帝也

孙子说，凡是要在各种地形中部署军队，侦察敌情，包括下面几种情况：

穿越山地时，要沿着山谷前进；休息时，要占据高地；投入战斗时，要从高地往下攻，绝不能向上攻打占据着制高点的敌人。以上是在山岳地带的军队需要注意的事项。

渡完河之后，一定要远离那条河。当敌人渡河攻打过来时，在敌军尚在河中时，不要迎击，而是等到敌兵的半数都已经过河之后再发起攻击，这种战法比较有利。当要跟渡河前来

的敌人进行战斗时，绝不能前往河岸一带迎击敌人，要寻找制高点，占据高地。当身处下游时，绝不能迎击从上游攻下来的敌人。以上是在河流岸边的军队需要注意的事项。

穿越沼泽地带时，要快速通过，绝不能在那里休息。如果与敌人遭遇，需要在沼泽地带交战的话，要占据附近有饮用水和草料的地方，背靠森林进行布阵。这是在沼泽地带的军队需要注意的事项。

在平地时，要占据脚下平稳的平坦之地，右后方背靠丘陵，前方面向低洼地带，也就是说布阵时后方要有制高点。这是在平地的军队需要注意的事项。

身处山岳、河流、沼泽、平地这四种地势的军队在战术上的便利正是黄帝战胜四位帝王的原因。

【原文】

孙子曰，凡处军相敌，绝山依谷，视生①处高，战降毋登。此处山之军也。绝水必远水，客②绝水而来，勿迎之于水内，令半济而击之利。欲战者，无附于水而迎客。视生处高，无迎水流。此处水上之军也。绝斥③泽，唯亟去无留。若交军斥泽之中，依水草而背众树。此处斥泽之军也。平陆处易，而右背高，前死④后生。此处平陆之军也。凡四军之利，黄帝⑤之所以胜四帝⑥也。

【注释】

①视生:"生"指坡度逐渐高上去的地方。 ②客:攻打过来的军队称为"客",进行迎击的军队称为"主人"。 ③斥:指海边潮水退去后露出的滩涂。竹简本作"沂"("深渊、悬崖"之意),应该是"泝"("溯"的异体字)之误。"泝"在此应该是"斥"的意思。 ④前死:"死"指坡度逐渐往下降的地方。 ⑤黄帝:传说中最早的帝王,被人们认为是文明的创始者。名轩辕。 ⑥四帝:赤帝、青帝、黑帝、白帝这四位帝王。在五行学说中,有如下的对应:黄——中央·土,青——东方·木,白——西方·金,赤——南方·火,黑——北方·水。另外,关于黄帝与四帝之间的战斗,在竹简本《孙子兵法·黄帝伐赤帝》篇中有详细的记述。

【解说】

这一段按四种地势分别记载了行军时应该注意的战术。

在穿越山地时,之所以要沿着山谷前进,是因为如果以翻越山脊的形式上山和下山的话,就很容易被敌人发现,而且遭遇落雷和滚下山坡的危险也比较大。如果沿着山谷的低洼地带前进的话,不仅行军比较容易,而且不容易被敌人发现,同时也比较容易获得饮用水和草料。当需要在中途休息或者宿营时,要找一块面积合适的高地,然后把军队拉到高地上。如果这时敌人占据了比本军所处位置海拔更高的高地，并且两个高地的山脊线相连的话，敌人就可以往下攻，而本军则不得不往上攻，所以必须事先选择一块不会被敌人占据优势的高地。

渡河之后之所以要赶紧远离河流，是因为如果在岸边磨磨蹭蹭的时候遭到敌人的袭击，就会陷入背水一战的不利境地。那么，当正在渡河的敌人全军都处于河中的时候不要进行迎击，这又是为什么呢？这种战法可以让敌兵完全无法抵抗，乍一看仿佛是最容易获得战果的，但是，由于这种情况下并不是短兵相接，所以虽然看上去非常混乱，但其实并没有给敌人多大的致命打击，最终敌人很可能撤退到对岸去了。因此，要等敌人一半过了河，已经无法撤退到对岸之后，再发起攻击，这样对方的损失会大得多。即使敌方的部队已经全部过了河，由于士兵的身体还是湿的，行动不自由，而且战斗队列还没有摆好，所以发挥不出太大的战斗力，不会对本军形成威胁。

另外，即使在这种情况下，本军也绝不能下到水边去进行迎击。其理由是：水边湿滑，脚下不稳，搞不好在混战中会被分成左右两路渡河而来的敌方后续部队冲击本军的两侧。应该在稍稍离开河岸的台地或草木丛中布阵迎击，这样比较容易让敌人损失惨重。

此外，对于从河流的上游方向攻打过来的敌人，不能从下游方向进行迎击，其理由是：在这种态势下，敌人有可能会在上游做手脚，让水决堤而下，而且敌人还有可能使用小舟从侧面进行攻击。这种情况下，还是要占据附近的高台，使敌人前进的目标从河岸变成高台方向，从而避免上述危险。

沼泽地带由于脚下不稳，假使遭遇埋伏很难有效应对，因此必须快速通过。如果在沼泽地中行军时发现了敌人，需要确保占据能获取饮用水和草料的地方，同时，在布阵时需要背靠脚下相对稳固的森林，占据可以不露身形地安全撤退的要道。

在平原行军时如果需要休息或露营的话，要挑选脚下平稳的平坦之地。这时，要想办法让本军的右后方是丘陵，背靠通往丘陵的上坡，前方则是洼地、河床、沟渠等低地。之所以要背靠丘陵，是因为即使在战斗中输给敌人而后退，也可以利用高地的有利地形展开防御战。

另外，孙子特别指定了右后方，这是以大部分士兵都是右撇子为前提的。惯用右手的弓箭手和弩手在面对身体中心线的左前方时，比较便于扭动腰部，旋转双臂，从而可以灵敏地射击，而且射击的角度也很大。同样，手持长柄武器的步兵也可以比较自如地将戈、戟等刺向左前方。反之，对右前方的攻击力则比较差，防御能力也会相应降低。因此，为了避免受到敌人从本方较弱的右侧发起的攻击，需要设法让本方阵地的右后方是丘陵，这样便于迎击来自左前下方的敌兵。

　　孙子在本段末尾提到的黄帝是五帝之首，正如古书中写到的，"黄帝能成命百物，以明民共财"（《国语[1]·鲁语上》）"黄帝考定星历，建立五行，起消息，正闰余"（《史记·历书》）。黄帝命名万物，制定历法，在黑暗的世界中首先创造出了文明，被认为是最古老的帝王。同时，"黄帝以姬水成……故黄帝为姬"（《国语·晋语四》），据传他还是建立周朝的姬姓一族的祖先。

　　此前关于黄帝的圣战传说的主流说法是：他在阪泉之野打败了炎帝，然后又在涿鹿之野击败了蚩尤，成为了天下的统治者。关于孙子所说的黄帝和四帝的战争，一直以来几乎没有相关的传说，也不清楚四帝指的是什么。然而，通过这次《黄帝伐赤帝》篇的出土，我们知道了孙子所说的是黄帝与青帝、赤帝、白帝、黑帝的战争。这再次证明了黄帝传说和五行思想可以追溯到战国时期以前，具有悠久的历史，在古代思想史上也具有重大的意义。

---

1 《国语》21卷，相传为春秋时左丘明著。以记西周末年和春秋时期周、鲁等国君臣的言论为主，可与《左传》相参证，故有《春秋外传》之称。分为周语、鲁语、齐语、晋语、郑语、楚语、吴语、越语。有三国时韦昭注本，近人徐元诰有《国语集解》。

40 军好高而恶下

凡是军队，都喜欢高地，厌恶低地；以日照好的、面向南
边的地方为最好，以背阴的、面向北边的地方为最差；为士兵
的健康着想，应占据水草丰茂的地区。这就是必胜的驻屯法，
军队里不会产生各种疾病。在有丘陵和堤防的地方，要在其向
阳的一侧布阵，同时要让丘陵、堤防位于阵地的右后方。这是
军事上的好处，也是地形在帮忙。

【原文】

凡军好高而恶下，贵阳而贱阴，养生而处实①。是谓必
胜，军无百疾。丘陵堤防，处其阳，而右倍之。此兵之利，地
之助也。

【注释】

①实：指可以获取养活军队所需的生活物资（水、饲料、
薪柴等）的土地。根据竹简本《孙子兵法·四变》篇中的说
法，不毛的荒地被称为"虚"。

【解说】

率领大军远征的将军必须时刻留意士兵的健康状况。如果
让军队在晒不到太阳的地方露营，或者让士兵喝淤积在低洼地

带的变质的水，就会引发各种疫病，导致士兵衰弱，军队的战斗力也会立刻下降。

41 水流至，止涉

如果上游下雨，上涨的水流已经到达了渡河地点的话，就要停止渡河，一直等到水面下降为止。

【原文】

上雨水，水流至，止涉待其定。

【解说】

孙子之所以说要停止渡河而待命，是因为如果无视河水上涨而强行渡河，中途水面有可能会进一步升高，从而造成兵员和物资的大量损失。

42 绝涧遇天井，亟去之

当在两边都是断崖绝壁的山谷中行军时，如果遇到天然的井、天然的地穴、天然的牢网、天然的陷阱、天然的裂缝，一定要快速离开，绝不能接近这些地方。本军要远离这些地方，同时，要设法让敌军靠近这些地方。本军要面对这些地方，同时，要设法让敌军背对这些地方。

【原文】

　　绝涧① 遇② 天井③ 天窖④ 天离⑤ 天翘⑥ 天郤⑦，必亟去之，勿近也。吾远之，敌近之。吾迎之，敌背之。

【注释】

　　①绝涧：两侧被陡峭的悬崖夹住的山谷。　　②遇：竹简本中，在上一句末尾的"待其定"和"天井"之间，缺少三个字。《太平御览》卷三〇六的引文作"绝涧，遇天井……"，此处从之。竹简本《孙膑兵法·地葆》篇中提到"五地之杀曰，天井天宛天离天垎天招"，列举了与此处相同的五种地形，并将其总称为"五地之杀"，从这点来看，也是不将"绝涧"与五种地形并列在一起的《太平御览》的引文更胜一筹。　　③天井：周围的悬崖上有溪水落下的天然的井。　　④天窖："窖"是为了贮藏谷物等物品而深挖土地形成的地洞。"天窖"是指深深陷入地中的自然的地洞。　　⑤天离："离"同"罗"，指牢网、捕捉用的网。这两个字由于古音相近，所以通用。"天离"指草木茂密处可以把人缠绕住的天然的网。　　⑥天翘：相当于《孙膑兵法·天葆》篇中的"天招"，指脚底会塌陷，使人跌入地底的天然陷阱。　　⑦天郤："郤"是"郄"的异体字，同"隙"。"天郤"指像岩壁上凿出的裂缝一样，两侧被耸立的绝壁夹住的很小的空隙。

【解说】

如果陷入此处列举的五种地形中，行动就不自由了，队列也会断成一截一截的，必然会陷入苦战。因此，当在险峻的山谷间，也就是比较容易遇上这些地形的地方行军时，必须派出侦察兵，尽快查明是否存在这些地形。

在此基础上，要设法迫使敌方在这些地形中进行战斗，比如敌军先通过这些地方，然后迎面遇上本军，或者本军绕道避开这些地方，同时将敌人撵到这些地方去。

43 军行有可伏匿者

在军队前进的道路上，如果有可以藏身潜伏的地形，比如险峻的地方、水塘、洼地、芦苇滩、小树林、草木茂盛的阴暗处，等等，要谨慎地反复搜寻。因为这些地方是心怀不轨的敌兵潜伏的场所。

【原文】

军行①有险阻潢井②葭苇③小林翳荟④可伏匿者，谨复索之。奸之所处也。

【注释】

①行："目的地、前方道路"之意。竹简本中，这句话的

开头部分有残缺，从与上一段的对应关系来看，我怀疑本来没有"军行"二字，而是"有险阻潢井葭苇小林翳荟可伏匿者"。　②潢井："潢"指水塘，"井"指凹陷得比较深的洼地。　③葭苇："葭"和"苇"都是指芦苇一类的东西。另外，"苇"通"苇"。　④翳荟："翳"是"阴影、阴暗"的意思。"荟"是草木繁茂的样子。

【解说】

在这些地形中，很有可能潜伏着各种耍弄奸计的敌兵，比如伏兵、密探、通过推落石块和砍伐树木等手段妨碍本军进军的搞破坏的特工、给正在待命的奇袭部队发送信号的通信兵，等等。因此，在险要的狭路行军时，在大部队通过之前，需要事先派遣侦察队对这些地点进行彻底的搜查。

44　敌近而静者

敌人身处本军附近却不慌不忙，非常镇静，那是因为他们仗着自己所占据的地形很险要。敌人虽然离本军很远，但却发起战斗，希望本军出击，那是因为他们布下的战斗队列所在之处很平坦，有利于战斗。

很多树木在沙沙作响地摇动，那是敌军在森林中移动，将要对本方发起攻击。到处都覆盖着结在一起的草，那是因为敌方想让本方怀疑有伏兵，从而延缓本军的前进速度。有鸟从草丛中飞起来，那是伏兵正在散开。野兽惊骇地开始奔跑起来，那是潜伏在森林里的敌军在偷袭。

有沙尘高高扬起，并且尘柱的上端是尖的，那是战车部队正在攻过来。沙尘很低，并且铺开的面积很大，那是步兵部队正在攻过来。沙尘分散在各处，并且尘柱细长，那是厮役在分头搜集薪柴。沙尘的量很少，并且来来回回，那是设营队正在搭建军营。

敌军的使者语气谦卑，同时又增强了防备，那是在为进攻做准备。敌军的使者语气强硬，同时先头部队也攻打了过来，那是在为撤退做准备。轻型战车最先离开队列，防备着对手的两侧，那是要解除行军队形，开始布阵。

没有紧迫的情况，敌军的使者却前来求和，那是为了让本军放松警惕的阴谋。传令兵在四处匆忙地奔走，并且各部队正在列队，那是下定决心要交战了。敌方部队出击不彻底，半途而止，那是在引诱本军出动。

【原文】

敌近而静者，恃其险也。敌远而挑战，欲人之进者，其所居者易利也。众树动者，来也。众草多障①者，疑也。鸟起者，伏也。兽骇者，覆②也。尘高而锐者，车来也。卑而广者，徒

来也。散而条达^③者，樵采也。少而往来者，营军者也。辞
庳^④而备益^⑤者，进也。辞强^⑥而进驱^⑦者，退也。轻车先出
居厕^⑧者，陈也。无约^⑨而请和者，谋也。奔走陈兵者，期也。
半进者，诱也。

【注释】

　　①障："遮蔽、掩盖"之意。"多障"是指把草编成斗笠
的形状并散放在各处，模拟出一种附近一带散布着伏兵的场
景。　　②覆：指伏兵。此处的意思是潜伏在森林里的大规模
的奇袭部队。　　③条达：把砍伐来的薪柴用绳子捆起来，拖
拽着走，激起一股股沙尘。　　④辞庳："庳"通"卑"。为
了隐瞒出击的意图，故意言辞谦卑，说什么"我方根本无法与
贵军对抗"，从而给对方一种毫无进攻打算的印象。　　⑤备
益：或是把堡垒堆得更高，或是把战壕挖得更深，或是增加栅
栏的数量，伪装出一副正在拼命准备防守的样子。　　⑥辞强：
为了隐瞒撤退的意图，故意言辞强硬，说什么"你们这帮弱
兵，我们可以立刻将你们打得落花流水"，从而给对方一种马
上就要采取攻势的印象。　　⑦进驱：让万一要撤退的时候逃
得更快的轻型战车得意扬扬地出击，伪装出一副全军即将采取
攻势的样子。"驱"是"驱"的古字。　　⑧厕：与"侧"同
义。　　⑨约："窘迫、困窘"之意。

【解说】

这一段讲述了从各种征兆来推断敌军的意图和实际情况的方法。尽管语句很简略，但是非常具有画面感，我们仿佛能看见侦察兵在小山丘上猫着身子远远地望着平原上飞扬的尘土的身影，以及其他的各种场景。我经常听到有人批评说，《孙子》只不过是把抽象观念组合在一起的军事学理论。但是，这些描写无比雄辩地证明，《孙子》绝不是抽象观念的产物，它是有丰富的实战经历和见闻做支撑的。

另外，"尘高而锐者，车来也""卑而广者，徒来也"这两句话揭示了识别战车部队和步兵部队的方法，不过，对于骑兵部队，却完全没有提及。这一事实暗示我们，在《孙子》诞生的那个时代，还不存在骑兵这一独立的兵种；在思考《孙子》的成书年代时，这是一个宝贵的线索。

45 杖而立者，饥也

士兵拄着拐杖，艰难地站立着，说明敌军饥肠辘辘，身体衰弱。前来打水的厮役在打水前先喝起水来，说明敌军非常口渴，急需饮水。知道出击有好处却不出击，说明敌兵身体劳累，精神疲倦。很多鸟成群地栖息在一起，说明那个兵营里已经没有敌兵了。半夜响起互相呼喊的声音，说明敌军士兵害怕，想要确认同伴在哪里。

军营中一片骚乱，说明敌将没有足够的威严来管制士兵。旌旗在动摇，说明敌军的战斗队列正处于混乱中。负责监督军队的官吏在叱骂，说明敌兵有了厌战情绪，军纪散漫。用原本给士兵吃的谷物来喂军马；把拉辎重的牛杀了，让士兵吃牛肉；兵营里甚至连水罐都没有挂起来；士兵们聚集在野外，不想回营舍：这些现象说明敌军被逼到绝境，豁出去了。

军官用恳切、平静的语气对士兵们讲话，说明手下的士兵们已经不和军队的上层干部一条心了。不断地给予奖赏，说明军官苦于士气低落。不断地给予惩罚，说明士兵极度疲劳，开始不服从命令了。一开始粗暴地对待士兵，后来又怕他们叛离，是最不周到的考虑。

派遣使节前来送礼并谢罪，是想要休战一段时间，让军队休息。敌军怒气冲冲地猛冲到本军面前又突然停下，久久不愿交战，但也不撤退，这时，一定要小心观察。

【原文】

杖而立者，饥也。汲役先饮①者，渴也。见利而不进者，劳倦也。鸟集者，虚也。夜呼②者，恐也。军扰者，将不重也。旌旗动者，乱也。吏③怒者，倦也。粟马肉食④，军无悬甀⑤，不反其舍者，穷寇也。谆谆⑥翕翕⑦，徐言人者，失其众者也。

数赏者，窘也。数罚者，困也。先暴而后畏其众者，不精之至也。来委谢^⑧者，欲休息也。兵怒而相^⑨迎，久而不合，又不相去，必谨察之。

【注释】

　　①歃："饮"的本字。　　②呼："叫喊、呼喊"之意。　　③吏：指君主派遣到军中负责监督的官僚、军吏。　　④粟马肉食：被逼得走投无路，做好了全军覆没的心理准备，所以觉得今后的粮食和牛车都没用了，一次性全部消费掉，这是一种自暴自弃的行为。　　⑤悬甀："悬"为"用绳子挂起来"之意。"甀"是贮水的罐子。当时的军队把水罐挂在兵营外面，用来存储饮用水。所谓"军无悬甀"，是指已经丢掉生存希望的士兵们认为不会再喝水了，所以把水罐摔碎了。　　⑥谆谆：恳切地反复言说的样子。　　⑦间间："缓慢地、平静地"之意。"间"同"闲"。　　⑧委谢："委"为"委质"之意，即奉上礼物。"谢"是为此前的失礼之处道歉。　　⑨相：正面对峙。

【解说】

　　这一段除了最后一句，写的都是处于各种窘境中的军队的样子。必须根据各种情况下表现出的特征来察知敌军处于何种困窘之中，并思考相应的应对措施。本段和上一段的内容相当于篇首的"处军相敌"中的"相敌"。

46 兵非多益

即使兵力数量不占压倒性优势，只要不轻率冒进，也足以集中相对少数的战斗力来判明敌情，最后可以如愿使敌人屈服。没经过任何周到的考虑，一开始就轻视敌人，这样的将军只会落得被敌人俘虏的下场。

如果在士兵们还没有万众一心地服从将军时就处罚他们，他们对将军的命令就不会心服。不心服的话，将军再怎么下命令，也很难让士兵们按照自己的意愿行动。但另一方面，如果士兵们已经万众一心地服从将军了，但却不坚决地实施处罚，这样的军队是没有用处的。所以说，要想让士兵万众一心，就要跟他们建立亲密的关系，要想统制士兵们的行动，就要使用刑罚的威力，这样就一定能达成军队的团结和统制。

在军令平时就能得到很好的贯彻实施的状态下，将军对麾下的士兵们进行教导时，士兵们是心服的。在军令平时完全不实施的状态下，就算将军想要教导麾下的士兵们，他们也不会心服。将军平时就一丝不苟地实施军令，是因为他和士兵们结成了一条心。

【原文】

兵非多益，毋武进，足以并力料敌，取人而已。夫唯无虑而易敌者，必擒于人。卒未槫^①亲而罚之，则不服。不服则难用也。卒已槫亲而罚不行，则不用。故合之以交，济^②之以武，是谓必取。令素行以教其民者，民服。素不行以教其民，则民不服。令素信^③者，与众相得^④也。

【注释】

①槫：通"专"，"专心、专一"之意。　②济：通"齐"，"统一、均齐、整齐"之意。　③素信：竹简本中该处残缺。十一家注本作"素行"，但《通典》卷一四九、《群书治要》¹卷三三均作"素信"，从句意看，后者更胜。　④相得：将军和士兵互相获得对方的信赖。

【解说】

军队并不是人数越多越好。要想取得最后的胜利，需要在长时间的艰苦行军中，在保持本军内部团结的前提下，谨慎地考察敌情并采取行动，也就是军队内部在士兵质量和功能上要

1　唐代魏征等人奉唐太宗李世民之命，博采六十多种典籍辑录而成，共50卷。内容都与政治有关，可供为政者参考。成书于贞观五年（631），在中国很早就亡佚了，但在日本有传本。

占据优势。不管兵力多么强大，如果对彼此的实际情况缺乏周全的了解，在没有确凿证据的情况下就轻视敌人的能力，这样的将军一定会遭遇惨败。

因此，让军队内部紧密团结在一起，使自己威严的命令能够贯彻到各个角落，是将军的重要任务。不过，这是一件相当困难的事情，需要掌握分寸，酌情处理。手下的士兵和自己还不是很亲近，自己却仗着将军的权威滥用刑罚，并试图通过这种手段来让士兵服从自己的统领，这样做只会让部下阳奉阴违，绝不会真心服从。仅仅凭借上下级关系之类的外在的、徒具形式的因素来调动他人，是有局限性的。

所以，需要平时就和部下结成亲密的关系，牢牢抓住他们的心。在看清了士兵们万众一心，并且足够亲近自己之后，对于违反军法者要以毅然决然的态度实施处罚。如果害怕失去人心而迟迟不加以处罚，对违反命令的行为视而不见的话，那么最终就会变成只是在讨好士兵，士兵们就会不把自己放在眼里，因此就无法按照自己的意愿来调动军队。

因此，将军既要通过与部下的亲密交流来建立精神上的纽带，又要公平地、果断地实施处罚，巧妙地并用这两种手段，将军队调教成能够完全按照自己的指挥来行动的忠心耿耿的集团。

这时，尤其需要注意的是，军法是否在平时就得到了严格的实施。答应奖赏，却毫不脸红地食言，讲明了要处罚，却若无其事地忘记，如果这种状态一直持续下去的话，士兵就不会把将军的命令当真，认为他只是嘴巴上说说，从而养成一种目无将军的坏习惯。一旦这种风气传开的话，士兵就会变得不接受任何训练。

　　需要调动部下的人必须对自己说过的每一句话的信用负起责任，感觉过敏一点也没关系。因为只有对于信赏必罚、一言九鼎的指挥官，部下才会抱有敬爱和敬畏的感情，并会在心里发誓，如果是这个人，把生命交给他也在所不惜。而如果将军人格卑劣，采取机会主义的立场，或是出尔反尔，或是出于偏袒而对同样的行为采取不同的赏罚，或是把部下的功劳据为己有，或是把责任推诿给部下以求自保，这样的人是绝不会有人追随的，就算有的部下表面上很顺从，但到了危急关头就会疯狂报复。

　　人不一定讨厌做其他人的部下，他们只是不想为不值得信赖的上级效力。

第十章　地形篇

本篇讲述了根据地形特征来运用相应战术的方法，以及统率军队的方法。武经七书本、平津馆本的篇名为《地形第十》，十一家注本的篇名为《地形》。到目前为止，还没有发现关于本篇的任何一支竹简，不过在记有篇目的木牍上，能看见"刑"的字样，因此可以认为竹简本的篇名也是《地形》。

47 地之道，将之至任

孙子说，战场的地形，有四面开阔通达的，有行军途中会受阻的，有半路上分出岔道的，有道路突然变窄的，有又高又险的，有两军阵地相隔很远的。

我方可以自由前往，敌方也可以自由前来，这就叫"通"，也就是开阔通达的地形。在"通"这种地形中，要先于敌军在高地的南侧布阵，并确保粮食补给通道对本军有利，在这种状态下交战，对本方有利。

可以勉强沿着该道路前进，但想要返回就比较困难，这就叫"挂"，也就是中途会遇阻的地形。在"挂"这种地形中，如果遇阻地点的对面没有敌方的防御阵地，那么就可以越过遇阻地点，出击获胜。如果有敌方的防御阵地，即使出击也无法获胜，而且也很难再次越过遇阻地点后返回，因此对本方不利。

我方先出击不利，敌方先出击也不利，这就叫"支"，也就是有岔道分出的地形。在"支"这种地形中，即使敌人用出击的好处来引诱本军，本军也不能上钩，而是要后退至离岔路口较远的地方，然后等敌军的半数通过岔路口之后再出击，这样比较有利。

在"隘"这种地形，也就是两侧有山岩突出，道路突然变窄的地方，我方如果先占据了该地点，一定要在狭路上集中兵力，等待敌人来攻。如果敌人先占据了该地点，而且敌人的兵力聚集在狭路上，那就绝不能攻打此处。如果敌人先占据了该地点，但其兵力并没有布满整条狭路的话，则可以攻打。

在"险"这种又高又险的地形中，如果我方先占据了该地点，一定要在高地的南侧扎营，然后等待敌人来攻。如果敌方先占据了该地点，则必须让本军后退，离开该地，绝不能进攻该地的敌军。

在双方的阵地相隔很远，也就是"远"这种地形中，在双方势均力敌的情况下，本方难以先行挑起战端，如果强行出击交战的话，则对本方不利。

　　这六点是关于地形的道理，也是将军最重大的任务，必须要加以明察。

【原文】

　　孙子曰，地形，有通者，有挂①者，有支者，有隘者，有险者，有远者。我可以往，彼可以来，曰通。通形者，先居高阳，利粮道以战则利。可以往，难以返，曰挂。挂形者，敌无备，出而胜之，敌若有备，出而不胜，难以返不利。我出而不利，彼出而不利，曰支。支形者，敌虽利我，我无出也，引而去之，令敌半出而击之利。隘形者，我先居之，必盈②之以待敌。若敌先居之，盈而勿从。不盈而从之。险形者，我先居之，必居高阳，以待敌。若敌先居之，引而去之，勿从也。远形者，势均难以挑战，战而不利。凡此六者，地之道也。将之至任，不可不察也。

【注释】

　　①挂："借助钩子等物件把东西悬吊起来"之意。　　②盈：与"空虚"相反，"完全充满"之意。这里指在狭隘的路上不留缝隙地部署兵力。

【解说】

这一段孙子讲述了六种地形以及与之对应的战术。在举出这六种地形时，孙子并非从地理学的观点出发，而是挑选了在军事上具有特别重大意义的地形。

在四面开阔通达的地形，也就是类似于平原中央的地形中，双方都可以自由进军，而且无法依靠地形的险峻来防御敌人，因此比较容易发生大型会战。孙子说要首先占据丘陵并在其南侧布阵，这是在平地上进行会战的准备措施。不过，被本军抢先占据了丘陵，敌军很可能会避免速战速决，在稍远处布阵，采取持久战法。敌军心里的算盘是：如果本军在焦急之下靠近敌阵并发起战斗，就可以剥夺本军背靠丘陵而战的优势。

如果敌人采取这一战法，那么就会进入对峙的胶着状态。孙子说要确保粮食补给通道对本军有利，就是为这一状态所做的准备。这样一来，补给的有利和不利的差别就会逐渐呈现出来，敌方就会耐不住持久战。但是，如果敌方寻求与本方决战而出击的话，又不得不攻打背靠丘陵的本军，这对敌方是不利的。这样就能逐渐把敌军逼入困境。

所谓遇阻的地形，也就是《九变》篇中所说的"涂有所不由"，指的是途中有会使行军停滞下来的有难关的道路。如果在这种道路的尽头敌人没有设置防御阵地，那么强行越过难关，走完这条路后再重新摆好阵势并获取胜利还是有可能的。

144

但是，如果在这种道路的尽头有敌人构筑的防御阵地，情况就完全不同了。因为后续部队停滞在难关那里，所以最先越过难关来到道路尽头的部队就无法得到后续部队的掩护，必须单独与敌人进行战斗，这样必然会败北。而且，就算反复进行这样的战斗，也每次都会被各个击破，一直到最后都无法获取胜利。

换言之，"挂"这种地形会让出击一方的兵力被分割成很多截，迫使其不得不分批将兵力投入战场，是一种极为不利的地形。而且，如果在数次败北后察觉情况对本方不利而试图撤退的话，又会受到敌人的追击，落得一边败逃一边再次穿越难关的下场，最终遭受重创。因此，可以沿这种道路进击的情况只限于尽头完全没有防守部队时。如果将军不懂得这个道理，非要命令士兵爬上断崖，在泥沼中搬运物资，翻越险峻的群峰，攻占在山脉另一头的平原上以逸待劳的敌军阵地，那么留下的只能是堆积如山的尸体以及惨败的记录。

所谓有岔道分出的地形，是指大路的途中分出了若干条小路。如果在过了分岔口的地方与敌人发生遭遇战的话，也许会有敌方的别动队从小路迂回过来攻击本军侧面，为了防止这种情况，就必须在各条小路上部署阻击部队。当然，这样会导致兵力分散，在大路上与敌军主力进行战斗时就会处于劣势。

而且，如果在战斗中被敌人逼得后退的话，本军部队有可能会分散开来沿各条小路退却。这样一来，就不容易再次集结兵力，从而越发陷入不利的状况中。因此，如果遇见这种地形，需要故意后退，并设法让敌军先通过分岔口。孙子之所以教导我们要让敌人的半数过了岔路口之后再进行攻击，是因为如果所有敌军都通过了该地点之后，前面所讲的不利之处就都消失了。

所谓狭隘的地形，指的是山间或峡谷中的道路，两侧有断崖突出，使得道路突然变得非常狭窄。在这种地形中，胜负的关键在于，先行占据该处的一方是否在狭路上满满当当地部署了兵力。如果只是在狭路的入口处部署了兵力，虽然看上去进行了强力的封锁，但如果受到锥扎般的突击的话，会出乎意料地被轻易突破。一旦被对方进入内部，因为原本就是狭路，所以即使对方只有少量兵力，也可以阻挡本方的大部队一段时间，这样一来，形势就有可能会完全逆转。

因此，在占据这种狭路时，需要在入口处放置栅栏或构筑野战工事，然后在后方纵深部署若干层防御部队，使得狭路完全没有空隙。反之，如果敌人先占据了狭路，并且通过纵深部署阻断了狭路，那么本方再怎么反复突击入口处也绝无突破的可能，这时，明智的做法是避免徒劳的突击，让军队后退，另寻他法。

所谓险峻的地形，指的是在平地的一角有丘陵或山峦突起的地形。在这种地形中，是否能首先占据这些高地将决定一切。如果敌人先占据了高地并在其南侧扎营，以万无一失的态势等待着本军的话，明智的做法是避开该处敌军，寻找别的对策，以免付出无谓的牺牲。

所谓远形，是指中间横亘着河流、湿地、峡谷、森林等难走的土地，没有合适的布阵场所，结果导致敌我双方的阵地相隔很远的地形。这种情况下，只要双方的战斗力没有很大差距，主动出击并挑起战端的那一方一定会陷入不利。因此，本军一定要按兵不动，同时要设法引诱敌人，使他们焦躁地先发起进攻。

孙子在这里所讲的事项乍一看似乎只是一些用于局部战斗的战术。但是，当决定战争全局走向的重要战场是这六种地形中的某一种时，上述战术运用的优劣就不仅会决定局部战斗的胜负，而且带有战略意义。这时，如果将军没有注意到这六种地形会给军事行动带来的严重制约，轻率出兵的话，等待着他的将是会左右战争全局走向的战略性失败。

48 非天之灾，将之过也

所以，军队有溃逃的，有散漫的，有情绪低落的，有四分五裂的，有一片混乱的，有败北的。所有这六种情况都不是天降的灾难，而是将军自身的过失。

原本两军在态势上不相上下，却去攻打兵力十倍于自己的敌人，这就叫作败兵四处逃散的军队。士兵们不甘示弱，而应该负起监管责任的官吏们却很懦弱，这就叫作军纪松弛的军队。负责监管的官吏很强势，而士兵很懦弱，这就叫作士气低落的军队。

军吏的首领对将军的做法感到气愤，不服从其管制，在遇到敌人时，出于对将军的怨恨而擅自进行战斗，而将军也不知道该如何处理这种事态，这就叫作组织失灵的军队。将军懦弱而缺乏威严，教导军队的方针也没有明确传达给部下，军吏和士兵都很散漫，布阵时东一块西一块，这就叫作管制混乱的军队。将军不能洞悉敌情，用少量兵力去和敌方大军交战，或是在弱势状态下去攻击强势的敌人，军队也没有可以用作先锋的精锐部队，这就叫作必然会在战斗中败退的军队。

这六项是导致败北的原因。懂得这一点是将军最重大的任务，千万要加以明察。

【原文】

故兵，有走者，有弛者，有陷者，有崩者，有乱者，有北者。凡此六者，非天之灾①，将之过也。夫势均，以一击十，曰走。卒强吏弱，曰弛。吏强卒弱，曰陷。大吏怒而不服，遇敌怼②而自战，将不知其能，曰崩。将弱不严，教道不明，吏

148

卒无常，陈兵纵横③，曰乱。将不能料敌，以少合众，以弱击强，兵无选锋，曰北。凡此六者，败之道也。将之至任，不可不察也。

【注释】

①天之灾：这里的"天"指的是作为人格神的上天、上帝，以及四时、日月、星辰等的变迁、运行中所体现出的天之法则，也就是天道。过去人们认为，对于违背天道指令的行为，管辖天道的皇天上帝会降下灾难。　②怼：怨恨愤怒。　③纵横：纵与横，指有些人竖着站，有些人横着站，毫无秩序、杂乱无章的状态。

【解说】

这一段把与将军的统率和指挥有关的、会导致败北的原因分为六种类型进行了阐述。孙子断言道：这些不是上天为了惩罚人类而降下的灾难（天灾），完全是将军自身犯下的过失（人祸）。像大喊"天亡我，非战之罪"（《史记·项羽本纪》）的项羽那样，把军事胜负的原因归结于天帝的意志或天命的想法被称为阴阳流兵学，在古代中国，这一派兵学是占优势的。在这样一种时代风气中，孙子敢于大胆地说败北绝非天灾，而是人为的失败，这说明他不允许把战败的责任转嫁到神秘事物上，从中可以看出他的冷静和严肃。

所谓溃败而逃的军队，指的是战斗态势只不过是五五开，但却去和兵力占压倒性优势的敌人交战的鲁莽军队。当发起完全出乎敌人意料的奇袭，或者敌人极端疲敝，或者占据绝对有利的地形时，本军在战斗态势上将处于优势，因此这些情况下有可能克服十倍的兵力差这一劣势而获得胜利。但是，如果在没有上述优势的情况下去进攻十倍于自己的敌人，不仅会导致战斗上的惨败，连有组织的撤退都将变得不可能，败兵们会四处逃亡，从而无法再次集结兵力。

所谓军纪松弛的军队，指的是士兵趾高气昂，负责监督的军吏战战兢兢的军队。军吏害怕士兵的报复，所以对他们违反军纪的行为视而不见，于是士兵越发放肆，行为举止越发任性，因此军队变成了松松垮垮的无赖之徒的集团，无法进行井然有序的战斗，从而败北。这种情况下，将军必须亲自指挥军吏整肃军纪，同时，把自己早就盯上的最具反抗性的士兵抓起来，用他来歃血祭旗，以达到杀一儆百的效果。

与上述情况相反的是塌陷的军队。军吏在兵营进行巡察，对士兵们怒吼道：拿出干劲来！不要吊儿郎当的！但这对无精打采的士兵们丝毫不起作用，焦躁的军吏越是斥责，军队的士气越是低落。这种只是勉强跟在将军身后的军队一旦看见敌人的身影，早早就失去了战斗意志，落荒而逃。这种情况下，将军必须制止军吏的强势，努力与士兵进行交流，理解他们的心情，给他们加油鼓劲，以便士兵内部能迸发出高昂的士气。

所谓全军组织失灵的军队，指的是军吏的首领（大吏）与将军不和的军队。大吏承君主旨意，对将军的军队指挥提出各种要求。他是直属于君主的监督人，自尊心很强，因此就会对将军的应对措施抱有不满，或是不服将军的统管。然后，大吏会毫无顾忌地在公开场合说：把一切交给那个家伙（指将军）的话，根本无法取胜。一旦与敌人遭遇，他就撇开将军，自己指挥军队，擅自作战，企图证明自己说得没错。

这时，如果将军不知所措，无法很好地收拾局势的话，指挥命令系统就会分裂，全军的组织就会陷入瘫痪。因此，将军必须采取某种坚决的措施，比如暗杀大吏并诈称他是战死的，或者追究其违反军纪的责任而将其斩首，以期迅速恢复对全军的统率力。

所谓混乱的军队，指的是性格懦弱的将军所率领的军队。如果将军性格优柔寡断，无法采取严格、果断的措施，只会发出暧昧的命令，或者一旦受到反驳就收回刚才说过的话，或者迟迟不做决定，换言之，如果一直采取这种意志薄弱的态度的话，军队的指导方针就无法在全军贯彻。这样一来，军吏和士兵就会根据自己的判断擅自行动，从而导致布阵时各自为政，七零八落，最后在一片混乱中被敌人击溃。

身为将军，原本就必须具有强大的气场，一现身就能在气势上镇住全场，一说话就能牢牢抓住众人的心。无论是具备多么丰富的知识和教养的优秀人才，如果不同时具备这种性格上的感染力，是很难在血肉横飞的战场统率军队的。

所谓必然会败北的军队，指的是不会慎重思考、头脑简单的将军所率领的军队。不去随时洞察敌情，思考最有效的应对措施，只是一味好斗，一看见敌人就鲁莽地攻过去，没有比这更危险的事了。但即便如此，如果军队的先锋都是精挑细选的天下精兵的话，还是有可能凭借其出类拔萃的战斗力，在一场激战后获得胜利的。不过，如果没有这种精锐部队，只是简单粗暴地去对抗强大的敌人，那么败北就是必然的结果。

人类的知识、理性和动物式的生命力、好胜心的关系，如果用交通工具来打比方的话，就好比行驶装置与推动力的关系。如果前者强，后者弱，那么就算方向盘打得再漂亮，也只是徒有技巧，根本无法前进。反之，如果后者强而忽略前者的话，倒是确实会猛然前进，但那必然会导致撞车。当睿智和蛮勇和谐地并存于一个人身上的时候，一名优秀的指挥官就诞生了。

49 进不求名，退不避罪

土地的形状原本就是军事行动的辅助要素。察知敌情，谋划胜利的形式，同时，对地形是险峻还是平坦，是远还是近进行考察，将其作为实现胜利的辅助手段，这是指挥全军的上将军应该遵循的行动准则。在熟知这一准则的基础上使用战斗这种方式的人一定会获胜，没有意识到这一准则却使用战斗这种方式的人一定会失败。

因此，当从战斗原理上来看，本军有绝对胜算时，即使君主下令不许战斗，也可以毫不犹豫地去战斗。反之，当从战斗原理上来看，本军没有胜算时，即使君主下令必须战斗，也可以不去战斗。所以，不顾君命而毅然投入战斗，绝不是出于功名心，违背君命不战而退，绝不是为了逃避处罚，一切都是为了保全民众的生命，从结果来看，也符合君主的利益，能够这样行动的将军才是国家的宝贵财富。

【原文】

夫地形者，兵之助也。料敌制胜，计险易①远近，上将之道也。知此而用战者，必胜，不知此而用战者，必败。故战道必胜，主曰无战，必战可也。战道不胜，主曰必战，无战可也。故进不求名，退不避罪，唯民②是保，而利合于主，国之宝也。

【注释】

①险易：十一家注本作"险阨"，但《通典》卷一五○、

《太平御览》卷二九〇的引文均作"险易"，从句意来看，后者
更好。 ②民：十一家注本作"人"，我怀疑是为了避唐太
宗李世民的讳而改的，平津馆本作"民"，从之。

【解说】

军事行动存在多种形式。有示威行动，即为了支持同盟国
而在边境附近集结兵力，这只是为了吸引敌国的兵力，对其进
行牵制。有机动战，即避免交战，到处迂回，使得敌人为了追
击而疲于奔命。有阵地战，即把敌人拖入持久战，以便争取
时间。有包围战，即对敌人的城池进行水攻或者切断敌人的
粮道。这些都属于军事行动的一种，而且都不伴随着主力部
队的决战。换言之，战斗是多种多样的军事行动中一种有限
的形式。

当然，虽然战斗只不过是为数众多的军事行动方式中的一
种，但它作为决定战争胜负的手段，是一种在现实中经常被使
用的、最典型的方式。其原因在于，主力军之间的战斗具有这
样一种性质，即它可以给失败者以致命的打击，在最短的时间
内明确地决出胜负。

正因为如此，当将军选择战斗这一方式时，必须在事前确
保有充分的胜算，尽量消除战斗的赌博性。为了做到这一点，
孙子提出的方法是：以"料敌"和"制胜"为主要手段，以

"计险易远近"为辅助手段，将两者结合起来。只有在经过这三重思考之后有必胜把握的情况下，将军才可以使用战斗这一手段。

因此，如果经过上述精心测算后得出的胜负预测显示本军绝对能取胜，那么即使君主下令回避战斗，也必须力排君命，坚决投入战斗。因为绝好的获胜机会是转瞬即逝的。与此相反，如果所有指标都显示本军将败北，那么无论君主怎么下令战斗，也必须无视君命，断然回避战斗。因为如果在决定性战斗中败北的话，就无法再战了。

这两者都是违抗君主命令的行为，将来必然会受到处罚。如此看来，孙子似乎是在鼓励违反命令的行为。不过，不惜抗命这一主张是有严格的前提条件的。也就是说，可以违抗君命的情况只限于以下两种：一是眼看着注定到手的胜利就要从手边溜走，战争也将延期，这将给君主和国家带来损失，为了避免这种危险而进行的抗命；二是眼看着就要陷入失败的泥潭，很多士兵将丧命，从而给君主和国家带来损失，为了避免这种危险而进行的抗命。

所以，出于功名心这一动机而鲁莽地投入战斗，以及出于害怕战死这一动机而退却，这两种行为绝非正当的抗命。孙子要求将军无论在什么情况下，都要以军事上的利害得失为唯一的行为准则，而不考虑任何自身的利害得失。不想要名誉和功绩，不害怕污名和诛杀，只是一心想着不让民众白白失去生命，同时试图给君主和国家带来利益，将军只有在无我的状态下才能够做到这几点。

在策划计谋时从私利和私欲出发的人将被欲望蒙住眼睛，最终计谋也将失败。以如明镜止水般的心境，在谋划时只考虑能否成事的人，则可以用灭却自我换来事业的成功。所谓"进不求名，退不避罪，唯民是保，而利合于主"，说的是军人和国家之间的理想关系，以及职业军人的伦理，诚可谓至理名言。

50　视卒如婴儿

将军平时投向士兵们的目光就好像是在看着柔弱的婴儿。正因为如此，在危急时刻他可以率领士兵们去往危险的深谷底部。将军平时投向士兵们的目光就好像是在看着自己可爱的孩子。正因为如此，他可以和士兵们在战场上生死与共。

不过，只是精心保护而不能驱使，只是疼爱而不能命令，即使扰乱军纪也无法加以管制，打个比方来说就好比傲慢的败家子，是没用的废物。

【原文】

视卒如婴儿。故可与之赴深谿。视卒如爱子。故可与之俱

死。厚而不能使，爱而不能令，乱而不能治，譬若骄子，不可
用也。

【解说】

　　将军与士兵之间的关系不仅仅是指挥官与部下，同时也具
有父亲和孩子、教师与学生的一面。将军作为父母，同时也作
为老师，必须在平时就带着深厚的慈爱之心来对待士兵们。正
因为有这样牢固的人际纽带，士兵们才会完全信任将军，即使
赴汤蹈火也在所不辞。

　　反之，如果只是一味疼爱，而无法让士兵按照自己的意图
行事，无法对他们下达指令或是驾驭他们，也就是对他们不够
严格的话，就好像养着一群败家子，没有任何用处。

　　是否能够教导手下，说到底与领导者个人的人格力量有
关。嘴巴上说得再天花乱坠，如果不具备将其应用于实践的教
育能力，那就只是雷声大雨点小，丝毫无法解决现实中发生的
问题。近来，有很多教师和家长不愿意去和孩子进行深层次的
心灵交流，而是动辄命令或处罚他们；还有很多教师和家长一
味讨好孩子，结果反而被孩子瞧不起，只能对孩子言听计从，
丝毫无法管教他们。当我们思考上下级关系时，孙子的这番话
是很值得回味的。

51 知地知天，胜乃可全

知道本军处于可以击溃敌人的状态，但是却不知道敌人处于不会被本军击溃的态势，这样是无法拥有足够胜算的。知道敌人处于可以被本军击溃的态势，但是却不知道本军处于无法击溃敌人的状态，这样胜算也不够。知道敌人处于可以被本军击溃的态势，也知道本军处于可以击溃敌人的状态，但却不知道地形处于不能战斗的状况，这样还是没有十足的胜算。

因此，精通军事的人指挥军队时，在判断上没有一点犹豫，战斗时也不会陷入绝境。所以人们说，如果能察知敌情，同时又清楚本军的实际情况，就不用担心胜负，在此基础上，如果能进一步知道土地状况和天体运行对军事的意义，胜利就可以按照事前推算的那样完美地实现。

【原文】

知吾卒之可以击，而不知敌之不可击，胜之半也。知敌之可击，而不知吾卒之不可以击，胜之半也。知敌之可击，知吾卒之可以击，而不知地形之不可以战，胜之半也。故知兵者，动而不迷，举而不穷。故曰，知彼知己，胜乃不殆。知地知天[①]，胜乃可全[②]。

【注释】

①知地知天：十一家注本作"知天知地"，但此处根据《太平御览》卷三二二的引文，改成了"知地知天"，顺序颠倒了一下。另外，此处所说的"天"的具体内容与《计》篇"五事"中"天"的内容一样。　　②可全：十一家注本作"不穷"，但武经七书本和平津馆本均作"可全"，此处从之。

【解说】

孙子列举了与敌人交战后能稳操胜券的三个条件：（一）本军士兵的战斗力（士气、军事技能的熟练程度、休养等）强大，处于可以击溃敌人的状态；（二）敌人处于可以被击溃的态势；（三）地形对本军的战斗有利。这是在《谋攻》篇"知彼知己，百战不殆。不知彼而知己，一胜一负"这一观点的基础上加上了第三个要素——地形。

即使满足了条件（一）和（二），但如果地形对本军的战斗不利的话，就算一开始强行发动了战斗，过不了多久就会处于劣势，最终还可能会陷入绝境。而且，第三个条件在开战前的谋划阶段尤其难以完全掌握。因此，在出征后，随着敌我双方的复杂运动，将军不得不根据时刻都在变化的战况，做出随机应变的判断。

第十一章　九地篇

本篇讲述了九种地势的特色以及与之相应的战术，同时对故意将本军引入穷途末路的绝境以促使士兵们进行决战这一战术进行了强调。武经七书本、平津馆本的篇名为《九地第十一》，十一家注本的篇名为《九地》。竹简本中，记载篇名的竹简残损了，不过根据记载篇目的木牍，篇名仍为《九地》。

52 地形者，兵之助

孙子说，土地的形状是军事的辅助要素。因此，运用军队的方法中，有散地，有轻地，有争地，有交地，有衢地，有重地，有泛地，有围地，有死地。

诸侯在自己国家的领土上作战，这叫作散地。虽然入侵了敌国，但是还没有深入腹地，这叫作轻地。若本军夺取，对本方有利，若敌军夺取，则对敌方有利，这叫作争地。本军可以自由地去，敌军也可以自由地来，这叫作交地。三方与诸侯的领地接壤，先到者可以和诸国通好，并获得天下人的支援，这叫作衢地。深度入侵到敌国腹地，背后有很多敌人的城池，这叫作重地。跨越山林、沼泽等，凡是行军困难的道路叫作泛地。进去时入口处的通道很狭窄，返回时必须绕过又远又曲折的路，敌人可以用很少的兵力来攻击我方的大部队，这叫作围地。突击如果迅速就可以生还，突击如果迟缓就会立刻被全歼，这叫作死地。

因此，在散地不能战斗；在轻地不能磨磨蹭蹭；在争地，如果敌人先占据了该地，不能去进攻；在交地不能让全军的队列四分五裂；在衢地要和诸侯们结成亲密关系；在重地，不要耗费时间去包围敌人的城池，要快速通过；在泛地不要让军队宿营，要一直前进；在围地要想办法防止溃逃的危险；在死地要间不容发地拼死战斗。

【原文】

孙子曰，地形者①，兵之助。故用兵之法，有散地，有轻地，有争地，有交地，有衢地，有重地，有泛②地，有围地，有死地。诸侯战其地者，为散。入人之地而不深者，为轻。我得则利，彼得亦利者，为争。我可以往，彼可以来者，为交。诸侯之地三属③，先至而得天下之众者，为衢。入人之地深，倍城邑多者，为重。行山林沮泽，凡难行之道者，为泛。所由入者隘，所从归者迂，彼寡可以击吾众者，为围。疾则存，不疾则亡者，为死。是故散地则无战，轻地则毋止，争地则无攻，交地则无绝，衢地则合交，重地则掠④，泛地则行，围地则谋，死地则战。

【注释】

①地形者：竹简本中，第一简的上半部分都残缺了，从串连竹简的皮绳的位置来推断，"轻地"上方缺损的字数应该在18字左右。另一方面，据《通典》卷一五九的引文，此处为"孙子曰，地形者，兵之助。故用兵有散地……"。如果将这段引文与十一家注本此处的文本组合一下，成为"孙子曰，地形者，兵之助。故用兵之法"的话，"轻地"前面正好是18个字，所以我对字句做了这样的修改。　②泛："漂浮、倾覆"之意。此处指脚下不稳的土地。　③三属：衢地是与四方都相连的交通要冲。因为除了与本国相连的道路之外，剩下的三方道路都与其他诸侯国的领地相连，所以称为三属。　④掠：与《军争》篇的"侵掠如火"相同，"飞掠、从眼前通过"之意。这里指不要把时间耗费在围攻敌人的城池上，要瞒着敌人，从其城池边上快速通过。

【解说】

孙子先列举了九种地势，然后阐述了与九种地势相适应的战术。

所谓散地，是指在本国领土上迎击侵略军时的战场。因为士兵们会思念留在故乡的父母和妻儿，从而四下逃散，故有此称。春秋时期，身份制度逐渐瓦解。此前，士兵只限于有战士身份的人（士），但此时，大量征募来的农民作为步兵加入了军队。这些农民原本没有接受过战士的训练和培养，所以战斗技能和战斗意志都处于很低的水平。因此，将军总是需要在士兵们从军都是不得已的这一大前提下来规划军事行动。如果率领这种没有干劲的士兵在本国领土上作战的话，士兵们就会觉得战场离故乡很近，可以想办法回到故乡，从而会抱有通过逃亡而生还的希望，这样一来，军队就会不断出现逃兵，很快就土崩瓦解了。基于这样的理由，孙子禁止在散地进行被动的战斗，所以在他讲解军事问题时，设想的都是出征他国的情况。

所谓轻地，指的是跨越国境入侵到敌国领土内，但入侵程度还不够深的地带。在轻地，士兵们逃跑的可能性依然存在。而且在国境线附近，部署着很多坚固的城池和防守堡垒，戒备森严，因此，如果敌人向这些防御设施全面派遣兵力，有可能在一仗未打的情况下，入侵行动就受挫了，或者还有可能会被赶回到国境线上。因此，孙子要求在轻地上行动不能迟缓，要迅速突破，深度入侵到敌国腹地。

所谓争地，指的是敌我双方都想争夺的战术要地，比如可以俯视战场一带的小丘陵、临近渡河地点的城邑，等等。当然，先占领争地的一方将一举占据有利地位，因此，本军能先占据是最好不过的。不过，如果敌方部队先控制了争地，千万不能不死心地试图将其夺回来。因为与已经占据了争地的敌人交战，一开始就是不利的。所以，在这种情况下，需要动点脑筋，比如将战场转移到离争地较远的地区，从而消除占据了争地的敌人的优势，或者率军队离开争地，装出一副已经放弃夺回该地的样子，然后看准敌人撤出该地的时机，趁机夺取。

所谓交地，指的是途中没有任何能阻止对方进军的要害之地，敌我双方都可以不受任何阻碍地自由进出、自由行动的地区。在交地，因为无法利用地形条件将敌人的进入方向限定在一个方向上，所以无法预测敌人将会什么时候从哪个方向出现。如果是十万人的大军，行军时就会排成一条长龙，先头部队和后方的部队经常会相隔甚远。在这种状态下行军时，如果从侧面冷不丁杀出一支敌军，队伍就会被分割成若干段，在混乱中被各个击破。因此，如果到达了交地，将军必须把各部队更加紧密地连接在一起，以免敌人突破各部队的间隙处，将大军切断。

所谓衢地，指的是主干道四通八达的交通要冲。如果能先于敌方到达该地，一定要最大限度地利用这一优势，向各国派遣外交使节，与他们建立友好关系，让他们答应支援本军，比如供给物资、允许通过其领土等。

所谓重地，指的是入侵敌国领土的程度比较深的腹地。在重地，绝不能耗费时间和战斗力去围攻中途遇见的敌方城池。如果在敌国腹地中央花费时间去攻占城池的话，敌人的野战军就会尾随而来，本军就很有可能遭受城内和城外敌军的夹击。因此，在重地，要不断从敌方城池边上掠过，绝不能在某个地方停下来。

所谓泛地，指的是途中横亘着湿地、山林等，脚下不稳，行军缓慢的地带。在泛地，因为无法对敌人的伏击和奇袭做出迅速的反击，所以不能宿营，要尽快通过。

所谓围地，指的是这样的土地：在视野不开阔的曲折山路行军时，突然进入了盆地，四下张望后发现三面都是险峻的山峰，只有前方的小路与外面相连，而且小路两侧都是突出的山岩，骤然变得很窄。来到围地的军队害怕前方的窄路被敌人切断后会陷入被完全包围的状态，于是慌忙试图沿原来的山路返回。但是，如果在返回时受到从窄路进入盆地内部的敌军的追击，沿着曲折山路退却的军队就很可能会在互相无法取得联系的情况下，从尾部开始依次被敌人击溃。因此，在这种情况下，需要开动脑筋，先自己动手封死前方的窄路，然后再从容不迫地撤退。

所谓死地，指的是穷途末路的困境，比如当本军进入围地后，发现前方的窄路上已经有敌军在严阵以待了。这种情况下，因为已经无路可逃了，所以必须立刻坚决地对前方的敌人发起全军突击，引发一场混战，从而死里求生。如果犹豫不决，不迅速突击的话，形势就会逐渐恶化，迟早要全军覆没。

53 合于利而动

世上所说的古代那些善于战斗的人在面对敌人时，会设法让对方的先锋部队和后卫部队连接不起来，让对方的大部队和小部队无法互相掩护，让对方的贵族和民众无法互相救援，让对方的长官和部下无法互相支持，让对方的各部队分散而无法集结，让对方即使兵力集合了，战斗队列也不整齐。

如果敌人的战斗态势对本军有利，就发起战斗，如果对本军不利，就不去交战。

【原文】

所谓古善战者，能使敌人前后不相及也，众寡不相恃，贵贱①不相救，上下不相扶②，卒离而不集，兵合而不齐。合于利而动，不合于利而止。

【注释】

①贵贱："贵"指的是卿、大夫、士等贵族，"贱"指的

是普通民众。　　②扶：十一家注本作"收"，但《通典》卷一五三、《太平御览》卷二九四均作"扶"，此处从后者改。

【解说】

如果等敌人的战斗队列已经完全部署好再开战的话，只要双方兵力差距不是很大，是没有绝对胜算的。因此，要设法扰乱敌军内部，使其四分五裂，各部分之间无法协作，然后看准其战斗态势不完善的时机，发起战斗。

54 夺其所爱，则听矣

那么我很想问：如果敌军攻打过来时，不仅兵力众多，而且布阵严整，我方应该如何应对呢？我来回答吧。首先，如果夺取了敌人重视的地点，敌人就会想要夺回该地，好不容易才完备起来的态势就会被打扰，因此，后面的发展就会如我方所愿了。实际用兵时，以迅速为宗旨。要钻敌人尚未部署兵力的空子，使用敌人预想不到的手段，向敌人没有警戒的地区出击。

【原文】

敢问①，敌众以整将来。待之若何。曰，夺其所爱，则听②矣。兵之情主速也。乘人之不给③也，由不虞之道，攻其所不戒也。

【注释】

①敢问：在设想中，向孙子提问的人很可能是吴王阖闾。 ②听："答应对方请求、许可"之意。这里指敌人会如本方所愿地行动，分散兵力或者态势出现破绽。 ③给："供给、具备、使……充足"之意。

【解说】

本段承接上一段，讲述了当敌人以万全的态势攻打过来时的应对方法。这种情况下，首先要对首都、主要粮食产地等地点发动佯攻，因为如果我方占领了这些地点，敌方绝不会坐视不管，他们会慌慌张张地去试图夺回这些地方，这样就会导致他们的态势瓦解，我方只要耐心等待就可以了。

55 投兵无所往

进入敌国领土后的作战方法是：彻底地深度入侵到敌国腹地之后，本军士兵就会团结起来，而在散地进行迎击的敌军是无法对抗本军的；如果在肥沃的土地上进行掠夺，全军的粮食就会很充足；谨慎起见，让士兵们好好休养，不要让他们疲劳，把士气拧成一股绳，积蓄战斗力；让军队进行复杂的移动，想方设法让本军士兵无法推测出目的地在哪里，最后把本军带入走投无路的境地，这样一来，士兵们就算战死也不会逃

168

跑。他们怎么会不拼死奋勇战斗呢？士卒们都会竭尽全力的。

士兵们一旦陷入极其危险的状况，就不再害怕危险；一旦无路可走，就会坚定不怕死的信念；一旦深入敌国腹地，就会团结一致；一旦被赶入无处可逃的绝境，就会奋力战斗。因此，这种陷入绝境的远征军即使没有指挥官调教，他们自己也会主动互相劝诫；即使不对他们提出明确的要求，他们也会如指挥官期待那般行动；即使不让他们约定绝不争吵，他们也会主动地互相亲近；即使不用军令中的惩罚条例去吓唬他们，他们也会忠实地完成任务。

如果能禁止军队里的占卜，消除士兵们认为也许可以生还的侥幸心理，那么他们一直到战死都绝不会逃跑。我军士兵手头没有多余的钱财，不是因为他们讨厌钱财，除了战死之外不考虑其他死法，不是因为他们不想长寿，这都是因为他们全部做好了必死的心理准备。

在决战命令下达的那一天，有些士兵坐着，扑簌扑簌掉落的泪珠打湿了他们的衣襟，有些士兵躺着，夺眶而出的泪水沿着脸颊流到了下巴。如果把这些已经决意赴死的士兵们放入无路可走的绝境中，所有人都会变得像专诸和曹刿那样勇敢。

【原文】

凡为客①之道，深入则专，主人②不克。掠于饶野，三军足食。谨养而勿劳，并气积力，运兵计谋，为不可测，投之毋所往，死且不北。死焉不得③，士人尽力。兵士甚陷则不惧，无所往则固，深入则拘，无所往则斗。是故不调而戒，不求而得，不约④而亲，不令而信。禁祥去疑，至死无所之。吾士无余财，非恶货也。无余死⑤，非恶寿也。令发之日，士坐者，涕沾襟，卧者，涕交颐。投之无所往者，诸岁⑥之勇也。

【注释】

①客：当时的军事用语，指入侵他国的军队。 ②主人：指在本国领土内试图阻止侵略军的迎击部队。 ③死焉不得：这里的“死”意为“抱着必死的决心战斗”。 ④约：平时关系不好的人在上级面前发誓要和好。 ⑤余死：“余”为“移到别的地方”之意。不是在这个战场战死，而是保住性命，然后在别的地方死去。 ⑥诸岁：“诸”是春秋末期有名的勇士专诸。他奉吴公子光（后来的吴王阖闾）之命，在公元前516年用短剑刺杀了吴王僚，自己也当场被杀。“岁”在十一家注本中作“刿”，指的是春秋时期的勇士曹刿。他为鲁庄公效力，作为将军三次与齐国交战，但都战败了，而且还失去了领土。公元前681年，在会盟的时候，他用短刀胁迫齐桓公，令其归还了鲁国被夺走的领土。

170

【解说】

在这一段中，孙子阐述了入侵军队应该采取的战术。当入侵他国领土时，如果入侵得不够深入，在轻地与敌军作战的话，那么士兵就会梦想着通过逃亡而生还，战斗意志就会不够坚定。因此，要迅速深度入侵到敌国腹地，然后巧妙地移动军队，让士兵们不知道要去往何方，这样他们就不会害怕，最后，故意将他们投入无处可逃的绝境，完全断绝他们回国的希望。这样一来，首次得知了事态的士兵们就会认为自己的生命走到尽头了，从而做好必死的心理准备，所有人都会脱胎换骨，化身为勇士，拼死奋战。这样就可以一举击溃为了歼灭入侵军队而集结起来的敌方主力部队，收获一场大胜并返回祖国。

在有些人看来，这是一种无比危险的战术。孙子之所以推荐这种方法，是因为征募来的农民的战斗意志极为低下——这一点前面已经提到过了。因此，用常见的手段是无法促使士兵们奋勇战斗的，于是就需要欺骗他们，也就是玩弄一种阴险的诡计。

此外，这种战术还包含着另外一层意图，即避免被拖入由阵地战或攻城战所导致的持久战，仅用一次大会战来迅速决出胜负，将远征所带来的国力消耗控制在最低限度。

56 刚柔皆得，地之理也

因此，如果打个比方的话，巧妙而又熟练地使用军队的人就好像率然一样。所谓率然，就是栖息在恒山上的蛇。如果攻击其头部，其尾部就会反击；如果攻击其尾部，其头部就会反击；如果攻击其中段，其头部和尾部就会同时反击。

我很想问：真的可以让军队变得像率然那样吗？我的回答是：可以的。越国人和吴国人是互相憎恨对方的，但是，一旦他们要同乘一条船渡过大河时，就会互相帮助，简直就像左手和右手的关系一样。因此，在布阵时即使把马拴在柱子上，把战车的车轮埋在土里，也是无法安心的。让所有的士兵们具有同样的勇气，让整支军队像勇士的集团那样统一起来，这靠的是把军队引导至这种状态的将军的战争指挥法。刚强和柔弱的人都最大限度地发挥作用，因为地势使得士兵们处于这种状态。因此，巧妙地运用军队的人可以像用一个人那样，使整支军队团结一致，紧密联系在一起。之所以能够做到这点，是因为他设法把士兵们放置在一种即使不愿意，也不得不这么做的环境中。

【原文】

故善用军者，譬如率然。率然者，恒山①之蛇也。击其首则尾至，击其尾则首至，击其中身则首尾俱至。敢问，则可使若率然乎。曰，可。越人与吴人相恶也，当其同舟而济也，相救若左右手。是故方马②埋轮，未足恃也。齐勇若一，政之道③也。刚柔皆得，地之理④也。故善用兵者，携⑤手若使一人，不得已也。

【注释】

①恒山：位于河北省，古代五岳中的北岳。 ②方马："方"是"排列整齐、排成一列"的意思。这里指把军马从战车上解下来，将其拴在木桩上，在阵地内组成队列。 ③政之道：指将军的作战指挥，也就是将本军偷偷地诱导至重地，继而将其投入死地，试图凭借这种手段来实现本军自发的团结和振奋。 ④地之理：指这样一种道理和因果定律——踏入重地，接着又陷入死地之后，地势上的环境必然会使得所有士兵都奋勇战斗。 ⑤携："携手、协作"之意。

【解说】

本段承接上一段，阐述了如何才能依靠由地势（重地）和战况（死地）所构成的整体环境的作用，使全军自发地团结一致，使各部队自发地互相配合与协作。如果把没有干劲的人放置在安乐的环境中，就算上级一个一个去劝解或哄骗他们，也只能徒劳无功。然而，即使是这样一群人，如果把他们放到一种十分紧迫的环境中的话，他们要是再不做点什么就等于坐以待毙，因此连牢骚也没空发，并且会开始主动想办法，发奋努力工作。这样一来，上级就可以毫不费力地达到目的。

一般来说，当自己还没有想通并接受一件事的时候，如果周围有人唠唠叨叨地让自己去做这件事，就会越发没有干劲。另一方面，当自己意识到某项工作的必要性的时候，就会最大限度地发挥自己的能力。在短时间内对大量人员进行精神上的教育是很困难的，因此需要强制他们进行自发的努力，方法就是：若无其事地为他们准备一种外部环境，任何人在这种环境中都不得不意识到完成某项任务的必要性，不过，绝不能让他们认为这种环境是强加给他们的。

57 能愚士卒之耳目

身为将军，在工作时，表面上一直保持着平静，因此没有人能够窥知其内心，可谓深不可测；在任何事情上都不显露个人感情，能公正地处理，因此军队内部被治理得井井有条。

巧妙地弱化士卒的认知能力，让他们不会逃亡。不断变更本军的行动目标，接二连三地变换本军的作战计划，使士兵们无法察觉将军的真实意图。辗转变更本军的驻屯地，行军时四处迂回，使士兵们无法推测出军队真正的目的地。

在开战之际统率军队，与士兵们确认这场战争需要完成的任务时，只告诉他们最终需要达成的目标，而中间的经过则一概保密，就好像让他们登上高处之后，偷偷把梯子撤走一样。当实际开始军事行动，率领军队深度入侵异国领土，前往决战地点时，要像驱赶温驯的羊群一样。士兵们没有被告知真相，只是被驱赶着来来往往，谁也不知道将要前往何地。集结全军兵力，并在不被看破的前提下将他们投入危险的状况中，这才能说是身为将军者的事业。

对于九种地势所要求的不同战术，让军队停止或前进所带来的利益，以及环境所决定的道理，必须仔细地加以考察。

【原文】

将军之事，静以幽，正以治。能愚士卒之耳目，使无之。易其事，革其谋，使民无识。易其居，迂其途，使民不得虑。帅与之期[①]，如登高而去其梯，帅与之深入诸侯之地，发其机，若驱群羊。驱而往，驱而来，莫知所之。聚三军之众，投之于险，此谓将军之事也。九地之变，屈伸之利，人情[②]之理，不可不察也。

【注释】

①之期："期"为"商定、约定"之意。开战之前，将军会向已经完成组编的远征军下达任务，然后与士兵们互相约

定，一定要完成任务。　　②人情：人的实际情况。

【解说】

　　将军会在全军面前明确布置需要完成的任务，比如救援受到攻击的邻国，夺回被敌人攻占的某地，等等。不过，关于通过何种途径来实现这一目的，他是不会透露一个字的。于是士兵们就会预测：这次的战争应该会在邻国领土上分出胜负吧，或者夺回某地之后战争应该就结束了吧。实际上，将军的战略构想是：率军深度入侵到敌国腹地，并使他们陷入无路可逃的绝境，然后就可以一举击溃敌方的主力部队。不过，士兵们是无法猜到将军的内心想法的。

　　将军像深渊一般沉默，一边隐瞒自己的真实意图，一边把军队引导至重地，接着又引导至死地。士兵们在将军巧妙的隐瞒下失去了判断力，没有发现自己正在一步步靠近危险，他们就像一群既不怀疑也不害怕的绵羊，在辽阔的原野上穿行。

　　然后有一天，他们突然被告知：我们已经到了敌国领土的中央，而且孤立无援，还陷入了敌人的重重包围，已然生还无望。听了声泪俱下的将军发出的决战命令之后，他们所有人都断了思乡的念头，变得愤慨激昂，拼死向敌人阵地发起突击。在散地作战的敌兵被他们惊人的气势吓坏了，只得败下阵来。只要能够击溃敌人的主力部队，救援邻国也好，夺回城池也罢，原定的任务就可以轻松完成。就这样，将军在不声不响之中推进着战争，最后率领死里逃生的士兵们凯旋。

58 诸侯之情，邀则御

凡是入侵敌国领土时，如果深入对方腹地，士兵们就会团结一致，如果只是停留在国境线附近，士兵们就会四处逃散。离开祖国，跨越国境而率军的地区是绝地。主要道路向四方延伸的十字路口是衢地。敌国领土的腹地，即入侵程度很深的地区是重地。入侵程度很浅的地区是轻地。左、右、后三方都很险峻，前方又很狭窄的是围地。左、右、后三方都很险峻，前方的狭路上又有敌人严阵以待的是死地。无路可走的是穷地。

在散地，很难有坚定的战斗意志，所以我会把士兵们的意志统一起来。在轻地，如果在这个阶段被敌人阻击的话就不好办了，所以我会背着敌人让军队偷偷通过。在争地，我会设法让先占据该地的敌军无法在该地久留。在交地，本方队伍有可能会被突然出现的敌人切断，所以我会让各部队牢固地连接在一起。

在衢地，我会利用交通之便，向各国遣派使节，精心与可以信赖的诸侯结成亲密关系。在重地，我会让后续部队快速进军，以免在途中的敌方城池纠缠太久。在泛地，无法灵敏地应对敌人的袭击，所以我会让军队尽快前进。在围地，为了能够比较从容地逃脱，我会把前方的道路封锁起来。在死地，为了促使大家奋勇战斗，我会让士兵们以为已经没有生还的希望了。

因此，诸侯的心态是：如果侵略军在离本国中心地带很远的地方行动，就会试图将其阻挡在该处，以免其继续入侵；如果侵略军已经深度入侵到了本国腹地，对国都等重要据点发起了攻击，本国已经陷入进退维谷的境地的话，才会派出主力部队进行决战；如果侵略军已经通过了本国的中心地带，危机已经过去了的话，又会想去追击。

【原文】

凡为客，深则樽，浅则散。去国越境而师者，绝地[①]也。四彻[②]者，衢地也。入深者，重地也。入浅者，轻地也。倍固前隘者，围地也。倍固前敌者，死地也。毋所往者，穷地[③]也。是故，散地吾将一其志。轻地吾将使之偻[④]。争地吾将使不留。交地也吾将固其结。衢地也吾将谨其恃。重地也吾将趣[⑤]其后。泛地也吾将进其涂。围地也吾将塞其阙。死地吾将示之以不活。故诸侯之情，邃[⑥]则御，不得已则斗，过则从[⑦]。

178

【注释】

①绝地：本篇第一段提到的九地中不包括"绝地"。应该是"与本国隔绝的地区"之意，是除了散地之外的八地的总称。　　②四彻："彻"为"通、达、连"之意。　　③穷地：进退维谷之地。也不包含在九地中，我想应该是死地的别称。　　④偻："弯腰、曲背"之意。这里指为了不被敌人发现，弯着腰，蹑手蹑脚地偷偷通过。　　⑤趣："督促、催促"之意。　　⑥邃：远。这里是"如果侵略军还在离中心地带很远的边境地带活动的话"之意。　　⑦从："追随"之意。跟踪和追击已经通过了中心地带的侵略军。

【解说】

本段的论点与第一段基本相同，如果与第一段的内容加以对照，就可以更明确地理解九种地势的特色以及与其对应的战术的意义。

《九地》篇最大的着眼点在于：通过与敌方主力部队的大型会战一举获取胜利，在短期内高效地终结战争。要想实现这一目标，需要满足两个条件。那就是麾下的士兵们不逃离队伍，并且能以旺盛的战斗意志压倒敌方的主力部队。正是为了达成这两个条件，孙子才提倡入侵到重地后，再故意将本军带入死地这一战术。这样一来，本军士兵无处可逃，就会悲壮地拼死战斗，另一方面，敌人也想消除国家中枢被攻占的危险，并且试图借此机会全歼入侵军队，所以会派出主力部队。

因此，孙子在《九地》篇里倡导的战术包含了同时并存的两个侧面，一是诱导本军士兵，二是诱导作为对手的诸侯。本段从"故诸侯之情"开始的四句就是关于后者的记述，当中列举了诸侯（主人）对侵略军（客）的三种反应：（一）邃则御；（二）不得已则斗；（三）过则从。

如果陷入（一）这种对策，入侵军队就会在轻地被敌方城池和防守堡垒强行拖入阵地战，从而浪费时间和战斗力，无法达成所期望的目标。正因为如此，在轻地必须偷偷地通过，不能被敌人发现。如此一来，要想如愿引发大型会战，只有利用剩下的（二）和（三）了。在利用（二）的时候，首先要装出一副企图攻占敌国国都的样子，引出敌方的主力部队，再将本军投入死地，诱使敌人进行会战。在利用（三）的时候，首先要装出攻打对方国都失败，要撤退回本国的样子，然后在对本方有利的地点迎击摆脱危机后奋起追击的敌人，从而引发会战，或者是故意被敌人切断退路，然后命令思乡心切的士兵们突围，从而进入会战。

以前的文本中，"诸侯之情"均作"兵之情"，但是这样就很难理解孙子的真实意图，所以我修订了文字，这样一来，后面三句的论调就变成了诸侯针对本军行动所采取的应对措施，这样更容易理解。

59 众陷于害，然后能为败

因此，如果无法揣摩出诸侯们心中的想法，就不能事先和他们结成亲密关系。如果不熟悉山岳、森林地带、险峻的要害之地、水泽地带的地形，就无法让部队行军。如果不使用精通地理的向导，就无法将地形带来的利益收入自己囊中。

以上所说的各种事项，只要有一个不知道，就不是王者或霸者的军队。王者或霸者的军队如果去讨伐大国，大国强大的兵力就无法集结；如果对敌国进行实际的武力威慑，敌国的外交就会孤立无援，无法与他国结成同盟。因此，即使不去和敌国争夺外交上的胜利，不去建立天下的霸权，也可以将自己的意志贯彻到底，在保持本国利益优先的同时，用武力的威势来压迫敌国。正因为如此，攻陷敌国的国都和毁坏其城池都不在话下。

惊人的厚赏和作为紧急措施的严令有着非常大的效力，可以让调遣全军的兵力变得像驱使一个人那么简单。要想让全军士兵按照自己的意志行动，只要对其下达工作指令就可以了，绝不能说明理由。要想随心所欲地使役全军士兵，只要让大家都知道不利的状况就行了，绝不能告诉他们潜藏在不利背后的利益。士兵们只有在被投进必然灭亡的境地后，才能继续存活下去；只有在陷入必死无疑的境地后，才能生还。总的来说，士兵们只有在陷入无比巨大的危险之后，才能豁出去拼死奋战。

【原文】

是故不知诸侯之谋者，不能预交。不知山林险阻沮泽之形者，不能行军。不用乡导者，不能得地利。四五者①，一不智，非王霸②之兵也。彼王霸之兵，伐大国，则其众不得聚，威加于敌，则其交不得合。是故不争天下之交，不养天下之权，信③己之私，威加于敌。故其国可拔④也，城可隳⑤也。无法之赏，无政之令，犯三军之众，若使一人。犯之以事，勿告以言。犯之以害，勿告以利。投之⑥亡地，然而后存，陷之死地，然后生。夫众陷于害，然后能为败⑦。

【注释】

①四五者：这一句前面没有相当于四和五的内容，而且很难认为将九地分割为四和五有什么必然性。在古代汉语中，在号召或呼吁大家的时候，会用"二三子"这个词，意思相当于"诸君、你们"，另外，"三五"可以用作"这些东西"的意思。"四五者"恐怕也不是用来表示具体数字的，而是表示"这样那样、各种"的意思，是当时的惯用说法。　②王霸："王"指的是尧、舜、禹、商汤、周文王、周武王等建立新王朝的古

代圣王们。"霸"指的是齐桓公、晋文公、楚庄王等春秋时期凭借武力成为诸侯首领的霸主们。"王霸"是将这两者放在一起称呼。　③信：通"伸"，"使……伸长"之意。　④其国可拔："国"在广义上指整个国家的领土，在狭义上指国都的城池。此处从"拔"这个字来看，应该是狭义的用法。另外，下一句中的"城"指的也是都城，从"隳"这个字来看，应该是侧重于国都的城墙。　⑤隳：同"毁"，"打破、损毁、弄坏"之意。　⑥投之：竹简本作"芋之"，但用"芋"的话句意不通。我想可能是"竿"之误，表示"把物品挂在竿头扔掉"的意思。此处采用了十一家注本的文本。　⑦为败："败"指不顾一切地豁出去进行奋战。

【解说】

关于"王"和"霸"，不同学派赋予它们的价值有着很大的差异。比如，儒家只称赞凭道义使天下归服的王道，而对靠武力扬威天下的霸道持严厉排斥的态度。还有的学派将王者和霸者视为一个连续体，并认为王者更好。

孙子在此将王和霸放在一起同等对待，可以说体现了鲜明的兵家特色。另外，在区分王霸之军与单纯的诸侯之军时，他的标准不是君主平时的德治或合纵连横之类的外交手段，而纯粹是根据是否有军事方面的知识，这一点也强烈表现出了他作为军事家的矜持。

所谓"犯之以事，勿告以言"，意思是只要下达任务就行了，比如"给我直接奔赴某地！""给我攻占某地！"等，而绝不能告知士兵们为什么要这么做，也就是要隐瞒任务背后的真实意图。毋庸赘言，这无非是因为将军的意图是把本军投入死地。

另外，所谓"犯之以害，勿告以利"，意思是只要让士兵们知道本军已经陷入死地这一灾祸就行了，而绝不能告诉他们有利的一面，即可以借此引出敌军主力，通过会战一举将其击溃。如果将军事先将这一底牌亮给士兵的话，他们的紧张感就会立刻消减。

孙子认为，可以隐瞒一切动机和中间过程，重要的是能达成预期的目标，他的这种主张含有浓厚的神秘主义和结果主义色彩，甚至可以说是一种愚民策略。不过，既然不得不率领战斗意志和技能都很低下的乌合之众作战，这大概是孙子不加掩饰的真实感受吧。

60 始如处女，后如脱兔

实施战争时的要点在于顺应敌人的意图，跟上他们的步伐。行军时的步调要根据敌人的前进路线和行程来安排和调整，要和敌人向着同一个目的地进发，在千里之外的远方精准地与敌军相遇并击败敌将，这才叫干得漂亮。

因此，在开战的政令下达的那天，要封锁国境一带的所有关卡，吊销通行许可证，禁止敌国使节入境，然后在庙堂上庄严地进行朝议，确定战争计划。当本军到达边境地带后，如果敌方因措手不及而在防线上出现了漏洞，一定要从这个漏洞迅速入侵到敌国境内，然后对敌国必须要守住的地点发动佯攻。这样，敌军就会为了阻止本军的占领而出动。这时，先要在心中偷偷决定在何时、何地与敌人相遇，然后离开发动佯攻的地点，全军默不作声地根据敌军的前进路线来调整自己的行军速度，最后如期与敌人相遇并交战，一举决出战争的胜负。

因此，一开始要像未出嫁的少女那样含羞带怯，非常安静，一旦敌方露出了可以入侵的缺口，就要像被人追赶的兔子一样，一溜烟地入侵到敌国的腹地深处，这样一来，敌军就无法阻挡本军了。

【原文】

为兵之事，在于顺详①敌之意。并敌一向②，千里厥③将，此谓巧事。是故政举之日，夷④关折符⑤，无通其使，厉⑥于廊⑦上，以诛⑧其事。敌人开阖⑨，必亟入之，先其所爱，微与之期，践墨⑩随敌，以决战事。是故始如处女，敌人开户，后如脱兔，敌不及拒。

【注释】

①顺详："顺"是事先察觉敌人的意图并顺应之。"详"同"佯"，"与对方步调一致，模仿对方"之意。根据曹操和梅尧臣的注，他们所看见的文本应该作"顺佯"。　②并敌一向："并"为"并排、重合、合一"之意。此处指行军时的步调要根据敌人的前进路线和行程来安排和调整，目的是为了百分之百能迎面碰上敌人。"一向"指双方的进军路线交会，在预定地点与敌人相遇。　③蹶：同"蹷"，"折损、打倒"之意。　④夷："断绝、消灭、除去"之意。此处指封锁关卡，断绝通行。　⑤折符："符"是作为通行许可证发给外国人的符节。使者携带符节的一半，与边境关卡的官员所保管的另一半拼在一起，如果正好能完整地拼起来，就允许使者通行。所谓"折符"，指的是废弃本国关卡保管的一半符节，即使外国使节拿出另一半，也没有与其对应的东西了，这样一来，相当于护照的符节就失效了。　⑥厉：有"激烈、严厉、尖锐、鼓励、快速"等意思。此处指严肃、迅速地进行议事。　⑦廊：廊庙、庙堂，也就是朝廷。　⑧诛：同"殊"，决断。　⑨阖：外部的大门。此处指国境沿线的防线上出现的可以入侵的缺口。"开阖"与下文中的"开户"是同样的意思。　⑩划墨：十一家注本作"践墨"。陈皞的注中说，有

186

的版本作"划墨"。另外，从贾林的注来推断，他所看见的版本应该也作"划墨"。所以此处我改成了"划墨"。"划"是"完全削平、把草割光"的意思。"墨"是"默"的假借字。所谓"划墨"，指的是全军士兵完全保持沉默。

【解说】

本段再次强调了此前的论旨，即开战后要立刻深度入侵到敌国腹地，巧妙地引出敌方主力，仅用一次会战就获得整个战争的胜利。

《史记·孙子吴起列传》中记载的马陵之战以及在前面的《军争》篇中介绍过的桂陵之战，都是应用了"并敌一向，千里厥将""先其所爱，微与之期，划墨随敌，以决战事"之类的理论的实例。大家可以参照一下这两场战役中孙膑的作战指挥，这样应该就能更好地理解孙子在这里想说的话了。

第十二章　用间篇

本篇阐述了使用五种间谍去事先探知敌方实际情况的重要性。武经七书本、平津馆本的篇名都是《用间第十三》,十一家注本的篇名是《用间》。竹简本中,记载篇名的部分残损了,不过根据写有篇目的木牍,篇名也是《用间》。另外,此前的各个版本都把《用间》篇放在《火攻》篇之后,也就是位于第十三篇,但是,根据木牍上的篇目排列,《用间》篇排在第十二位,《火攻》篇排在最后。的确,《火攻》篇的内容比较适合用来总结《孙子》全书,所以木牍上的篇目顺序应该是原来的样子。因此,本书也采用了将这两篇互换位置的方针。

61 不知敌之情者,不仁之至也

孙子说,凡是组编十万人规模的军队去千里之外远征时,民众的开销加上政府的支出,每天都高达千金;为了在后方支撑远征军,朝野上下都紧张地四处奔走;被动员起来运输物资的人民多达七十万户,他们为了维持补给线而疲惫不堪,无法

188

专心干农活。在这种艰苦的状态下进行长达数年的持久战，只为通过仅仅一天的决战来分出胜负。

如果持续付出了如此巨大的牺牲，却在只有一次的决战中败北的话，此前的所有努力都将在一瞬间化为泡影。尽管如此，却不舍得把爵位、俸禄和赏金给予间谍，不想为了在决战中占据优势而去探知敌情，这是浪费民众长期辛劳的行为，是没有怜爱民众之心的最不仁的行为。这样的话，就不配当统率士兵的将军，不配当君主的辅佐者，也不配当胜利的主宰者。

因此，聪明的君主和智谋过人的将军之所以在发起军事行动后能够战胜敌人，取得卓越的成功，其原因正是在于事先察知了敌情。事先知晓情报这件事，无法通过询问鬼神来实现，无法通过比拟天界的现象来实现，也无法通过对照天理来实现。总之，不是通过上述神秘的方法，而一定只能通过人的智力活动才能实现。

【原文】

孙子曰，凡兴师十万，出师①千里，百姓之费，公家之奉，费日千金，内外②骚动，怠③于道路，不得操事者，七十万家。相守数年，以争一日之胜。而爱爵禄百金，不知敌之情者，不仁之至也。非民之将也。非主之佐也。非胜之主也。故明主^④贤将，所以动而胜人，成功出于众者，先知也。先知者，不可取于鬼神，不可象于事^⑤，不可验于度^⑥，必取于人知者。

【注释】

①出师：十一家注本作"出征"。《群书治要》卷三三、《太平御览》卷二九二作"出师"，此处从之。　②内外：指前文的"公家"与"百姓"，也就是政府与民间。　③怠："倦怠、因疲劳而衰弱"之意。　④明主：十一家注本作"明君"，"明君贤将"一词在本篇末尾也出现了。不过在竹简本中，此处是"明主"二字，因此，我认为这里本来应该是"明主"，并据此改动了文字。　⑤象于事："事"就是"天事恒象"（《国语·周语上》）、"天事必象"（《国语·晋语三》）中的"事"，指的是天文、云气等天界的现象。"象"就是"象物天地"、"上不象天"（《国语·周语下》）、"德取象于春夏，刑取象于秋冬"（《太平御览》卷二二引《范子计然》）中的"象"，指的是将天界的现象加以标准化，然后把人类的行为比拟成天界的现象。　⑥验于度："验"是对照标准进行测算。"度"就是"不帅天地之度"（《国语·周语下》）、"四时有度，天地之理也"（《经法·论约》）、"明以正者，天之道也。适者，天度也"（《经法·论》）中的"度"，指的是天道的运行规律。

【解说】

要让十万大军远征国外，并且在长达数年的时间里持续进行军事行动，就必须付出巨大的代价，比如官方和民间一起负担的骇人听闻的费用，民众难以用语言形容的辛酸，等等。而且，这些辛苦是否能得到回报，完全取决于仅仅一天的决战所分出的胜负。既然如此，为了在决战中将本军引向胜利，就应该在谍报活动上不惜一切努力。自己主动开战，却对情报的收集没有热情的指挥者对国家和民众可以说犯下了渎职的重罪。

孙子在阐述了事先探知敌情的重要性之后又断言道，依赖不可靠的神秘手段是绝对无法实现这一点的。在这里，孙子所批判的是当时大行其道的阴阳流兵学的思维方式。

所谓阴阳流兵学，正如《汉书·艺文志[1]·兵书略》中"阴阳者，顺时而发，推刑德，随斗击，因五胜，假鬼神而为助者也"所定义的那样，是依靠日期、方位、风向的吉凶，天帝的赏罚，北斗七星和南斗六星勺柄的方向，五行的循环，被相信能够预知未来的鬼神的天启，等等，来占卜敌我双方之未来的兵学。

因此，正如"司星历，候风气，推时日，考符验，校灾异，

---

1 《汉书·艺文志》是班固撰写的《汉书》十志之一，是中国现存最早的目录学文献，分为六艺、诸子、诗赋、兵书、数术、方技六略。

知天心去就之机"(《六韬[1]·龙韬·王翼》)、"凡攻城围邑，城之气色如死灰，城可屠"(《六韬·龙韬·兵征》)所描述的那样，阴阳流的兵法家一味使用神秘的手段，"欲未战先知敌人之强弱，预见胜负之征"(《六韬·龙韬·兵征》)。这在当时被认为是最先进的军事技术，在兵学世界中占据了主流的宝座。1973年，长沙马王堆汉墓出土了大量帛书，其中包括根据五个行星（木星、金星、火星、土星、水星）的运行来占卜军事的《五星占》、根据天体和云气等来占卜军事的《天文气象杂占》等阴阳流兵书，也证明了该派别在当时的流行程度。"凡小白（水星）、大白（金星）两星偕出，用兵者象小白。若大白独出，用兵者象效大白"(《五星占》)、"有赤云入日月晕中，尽赤，大胜，（领）地之"(《天文气象杂占》)等内容正是"象事""验度"。

在这种时代背景下，孙子却认为，"先知者，不可取于鬼神，不可象于事，不可验于度"，明确否定了鬼神、天象、天道与军事的因果关系，只信赖人的智慧，大家应该明白他的这种立场是多么彻底的理性主义了吧。在军事家中，除了孙子以外，还有其他一些人断定阴阳流兵学是一种迷信，试图从军事

---

1 《六韬》又称《姜太公六韬》或《太公兵法》，武经七书之一，旧题周朝姜尚著，但应该是后人伪托，现一般认为该书成书于战国时期。全书通过周武王与姜太公对话的形式，论述治国、治军和指导战争的理论、原则，被誉为兵家权谋类书的始祖，共分六卷，分别是：文韬、武韬、龙韬、虎韬、豹韬、犬韬。

思想中排除一切神秘主义。

楚国将军公子心在与齐国军队作战时，战场上空出现了彗星。部下们向他进言道：根据阴阳流兵学的理论，位于彗星尾部方位的军队将获胜，现在齐军占据了该方位，所以还是不要进攻比较好。然而，公子心却坚持认为，彗星这种东西怎么能预知战争的胜败呢？在拿着扫帚[1]打架时，获胜的是把扫帚倒过来拿，用坚硬的扫帚把敲打对方的人。因此他没有采纳部下的建议。天一亮，楚军就对齐军发起了攻击，并大破齐军。

这是《尉缭子·天官》篇为了证明阴阳流兵学是多么不可信的骗局而举出的实例。然后，《尉缭子》[2]宣告说，"谓之天官，人事而已""天官时日，不若人事"（《天官》篇），即相对于"天"而言，"人"是处于优势的。

另外，《六韬》也明确说道，"用兵者，顺天道未必吉，逆之不必凶。若失人事，则三军败亡。且天道鬼神，视之不见，听之不闻。智将不法，而愚将拘之"（《通典》卷一六二引《六韬》佚文）、"作为谲书，而寄胜于天道，无益于兵胜"（《群书治要》卷三一引《龙韬》篇佚文），同样认为阴阳流兵学是愚者的迷信，从而加以否定。

1　彗星俗称扫帚星。
2　武经七书之一，战国时期魏国的兵书，作者是尉缭，现存 24 篇，主要论述战争、政治、军令和军制。

《用间》篇中孙子的话成为了后世理性主义军事学的先驱，孙子认为靠求神拜佛是绝对无法取胜的。

62　用间有五

因此，间谍的使用方法有五种。有因间，有内间，有反间，有死间，有生间。这五种间谍同时展开谍报活动，但互相之间不知道其他人的情报传递路线，这可以说是出神入化的统辖方法，也是统治人民的君主应该珍视的至宝。

所谓生间，就是反复潜入敌国内部，并且每次都能活着带回情报的人。所谓因间，就是以敌国民间的普通百姓为线人，让其从事谍报活动的人。所谓内间，就是以敌国的官吏为线人，让其从事谍报活动的人。所谓反间，就是以敌国的间谍为线人，让其从事谍报活动的人。所谓死间，就是将虚假的军事计划故意泄露出去，然后让手下的间谍将该情报告诉敌方，等着受骗中计的敌人前来的人。

【原文】

故用间有五，有因间[①]，有内间，有反间，有死间，有生间。五间俱起，莫知其道，是谓神纪[②]。人君之葆也。生间者，反报者也。因间者，因其乡人而用者也。内间者，因其官人而用。反间者，因其敌间而用者也。死间者，为诳[③]事于外，令

194

吾间知之，而待于敌者也。

【注释】

①因间："因"同"故"，"原来、原本"之意。因间就是利用原本就居住在敌国的当地人作为间谍，与下文的"乡间"相同。　②神纪："神"指从外部无法测知的神秘、灵妙的作用。"纪"为"把很多线理得井井有条"之意，这里指对情报的传达、操纵的条理进行整治，以免产生混乱。　③诳：欺骗，诓骗，迷惑。

【解说】

孙子将间谍分为五种，并阐述了他们各自的使用方法。其中，生间和死间原本就是本国的谍报员，剩下的因间、内间和反间都是对敌方人员进行收买或策反，令其为本国的谍报活动服务。

另外，如果从功能上来分类，因间、内间、反间、生间这四者的主要任务是收集情报，只有死间是专门通过操纵情报来设计圈套的。

死间在与君主、将军进行精心合谋之后，让本国虚假的军事计划泄露出去，与此同时，装出因为怨恨而要背叛本国的样子，将这一情报告诉敌方。这时，敌国也会派出自己的间谍对该情报进行确认，确认的结果当然是该情报没有问题。于是，对该情报深信不疑的敌国就会采取应对措施，结果就是正中我方下怀地陷入圈套。不过，由于来自敌国的流亡者中往往包含着设下此种圈套的谍报员，所以，死间会被关押起来，直到最后真相大白为止。因此，当敌方发现该情报完全是虚假的之后，死间必然会被处死。

另外，孙子之所以主张要把五间的活动渠道分开，使得每个间谍都无法掌握谍报活动的全貌，是因为这样一来，即使某个间谍被捕或者叛变了，敌人也无法从其口中顺藤摸瓜地牵出整个情报网，也不用担心本国的整体作战计划会立刻暴露。

63 三军之亲，莫亲于间

因此，在全军之中，间谍与君主、将军的亲密程度是最高的，对间谍的赏赐是最丰厚的，在各种军队事务中，间谍经手的是机密程度最高的。

君主和将军如果没有敏锐的思考能力，就无法让间谍在军事上发挥作用；如果对部下没有深切的关怀，就无法让间谍如自己期待那般忠诚地工作；如果不具备连微妙之处都能察觉的洞察力，就无法筛选出隐藏在间谍所获取的情报中的真相。这是多么深奥难测的事啊，在军事活动的幕后，没有哪个领域不

196

使用间谍。

君主、将军与间谍共同推进的谍报和谋略活动如果在按道理不可能外泄的阶段从其他途径传了出来，那么为了保守机密，就要将负责该任务并泄密的间谍和得到这一绝密情报并将其散布出去的人一起处死。

【原文】

故三军之亲，莫亲于间，赏莫厚于间，事莫密于间。非圣①不能用间。非仁不能使间。非微妙不能得间之实。密哉密哉②，毋所不用间也。间事未发闻，间与所告者，皆③死。

【注释】

①圣：指机敏的能力，即耳朵听到声音之后就能立刻理解事物的本质。 ②密哉："密"同"秘、微"，表示"暗中、朦胧、深藏不露、从外面很难看见"等意思。这里用来形容在公开的军事行动背后，所有领域都在持续进行隐秘的谍报活动这一状态。 ③皆：同"偕"，"一起、共同"之意。

【解说】

间谍作为直属于君主、将军等最高指挥部的部下，参与国家和军队中枢的策划，是最重要的军事成员。全军如果没有形成承认间谍具有最大的价值并给予其最高待遇这一体制，战争就必然会以本国的惨败告终。

对指挥官来说，充分发挥间谍的作用才是其最重要的任务，同时也是极难的事。如果君主、将军在国际政治和战争方面不具备卓越的构思能力，就无法最有效地制定出能使敌国屈服的秘计，也无法确定为了制定这个秘计，应该让间谍去进行何种活动。

另外，间谍们或是远离祖国，或是潜入敌国，或是以生命为代价来成全某种谋略，对于他们那种紧张的心情和境遇，如果不加以深切的体贴和关怀的话，在随时都有可能死去的情况下，间谍是无法完成使命的。谍报的世界是无情的，如果只是把他们当作消耗品，抱着一种薄情寡义的态度，就不可能让他们哪怕豁出性命也要保持忠诚。

此外，对于间谍赌上身家性命收集来的情报，应该如何在战略和战术上加以有效利用，这也是一个大问题。由于敌方的谍报组织会精心设计谋略，展开反间谍活动，因此收集来的情报总是真伪混杂的。所以，等待着君主和将军的是一项异常棘手的工作，即从众多的情报中筛选出真实的要素。很多时候，在看上去不起眼的情报中，实际上包含着关系到国家存亡的重大机密。要想从错综复杂的情报中分辨出有价值的情报，并察知该情报的意义，需要拥有最高的智力，即对于人心的深刻洞察力与广博的学识。如果指挥官不具备这些素养，那么间谍在敌国的拼死努力也将徒劳无功。

只是将战争理解为军队与军队之间的战斗，认为谍报战是卑劣的手段而加以轻视，在心里蔑视间谍，伦理观带有孩子气，感觉高人一等——如果这样的话，胜利的希望是渺茫的。正是在阴谋、背叛、虚伪和冷酷交织在一起的谍报世界中，搏动着高贵的精神，那就是试图将战争的伤害控制在最小范围内，拯救国家和民众。

64 吾间必索

凡是有想要攻击的军队、想要攻陷的城池、想要暗杀的要人，一定要事先知道指挥该军队、守卫该城池、护卫该要人的将军，及其左右的亲信、负责通报的人、门卫、杂役等人的姓名，然后派出手下的间谍去这些人身边打探，一定要查出这些人物的履历、癖好、境遇，等等。

【原文】

凡军之所欲击，城之所欲攻，人之所欲杀，必先知其守将[①]左右谒者[②]门者舍人[③]之姓名，令吾间必索知之。

【注释】

①守将：这里的"守"是"工作、职责"之意。"守将"指履行特定任务的将军。　②谒者：有宾客谒见时，负责向主人通报的官职。　③舍人：寄居在达官贵人家里，管理家务杂活的人。

【解说】

如果想要攻击敌军、围攻敌城或是暗杀敌方要人，就要事先派出间谍，对上至将军、重臣，下至门卫、杂役的一干人等进行详细的贴身调查。

通过调查可以得知这些人过去的经历，然后可以由此推断出，通过怎样一种人脉来接近对方，对方可能会放松警惕；或者是从对方的癖好来看，其性急的一面可以被利用；又或者是对方经不起美色、金钱的诱惑，可以通过收买和盛情款待等手段来策反对方。总而言之，这些人对眼下的境遇或者某些人际关系感到不满，从而对君主、上司抱有怨恨，如果用地位、金钱来诱惑他们，他们有可能会成为本方的内应。间谍的任务就是打探出上述情报。

根据调查结果，再来考虑如何利用将军的性格弱点，如何拉拢官员，以达到让他们扰乱敌人内部或是做本方内应的目的。

65 反间不可不厚

一定要查明是否存在敌方的间谍，如果有潜入本国来刺探本方情报的人，可以反过来加以利用，给他好处，引诱他为本方做事。这样一来，就可以获得反间，并利用其进行谍报活动。

以反间为线人，可以查清敌情。这样就可以从敌国内部找到乡间和内间，让他们为本方工作。以反间为信息来源，可以查清敌情。这样就可以让死间捏造虚假的军事计划并通报给敌方。凭借反间，可以查清敌情。这样就可以让生间按照预定计划展开活动。

五种间谍所展开的谍报活动一定能够探明敌情，不过其根源一定在于反间的作用。因此，对反间必须给予优厚的待遇。

【原文】

必索敌人之间，来间我者，因而利之，导而舍①之。故反间可得而用也。因是而知之。故乡间②内间可得而使也。因是而知之。故死间为诳事，可使告敌。因是而知之。故生间可使如期。五间之事，必知之，知之必在于反间。故反间不可不厚也。

【注释】

①舍：寄身他人家里，寄居。这里指归顺本国。　②乡间：

利用居住在敌国的当地人作为间谍。与上文的"因间"相同。

【解说】

敌方间谍叛变后归顺本国，成为反间，也就是双重间谍。他们可以在本国和敌国之间自由往来，即使频繁与本方联系，也不会受到任何怀疑。而且，反间可以出入敌人的中枢而不被怀疑，熟知敌国的内情和整个军事计划，可以精准地将最具价值的情报带给本方。

因此，反间才是间谍中的间谍，是整个谍报组织的王牌。既然如此，在谍报战中取胜的关键就在于能否获得双重间谍。如此想来，潜入到本国国内的敌方间谍可以说是无比宝贵的人才。

66 明主贤将，能以上智为间者

商朝夺取天下时，伊挚作为间谍潜入有待推翻的夏朝的中枢。周朝夺取天下时，吕牙作为间谍潜入有待推翻的商朝的中枢。

只有聪明的君主和智谋过人的将军才能把拥有非凡智慧的人作为间谍送入敌国中枢，从而成就伟大的功业。间谍正是军事方面的枢机，是全军赖以行动的路标。

【原文】

殷之兴也，伊挚在夏。周之兴也，吕牙在殷。^①唯明主贤将，能以上智为间者，必成大功。此兵之要，三军之所恃而动也。

【注释】

①夏，以治水而闻名的圣王大禹建立的王朝，持续了十七代，到了暴虐的桀在位的时候，遭到商汤的讨伐并灭亡；殷，公元前 1700 年左右，由圣王商汤建立的王朝，到了暴虐的纣在位的时候，遭到周武王的讨伐并灭亡；周，公元前 1100 年左右，由圣王文王及其子武王建立的王朝，从西周到东周（春秋、战国）渐趋衰弱，公元前 256 年被秦国合并后灭亡。伊挚，即伊尹，他是商朝建立者汤王的手下，也是为推翻夏朝出谋划策的功臣。他原本是个无名的处士，后来受到汤王的提拔，做了宰相。《孟子》¹和《鬼谷子》²里记载着伊尹在受到汤王重用之后，仍然去留不定，在夏和商之间多次往返的事情。据《吕氏春秋³·慎大》篇记载，汤王想让伊尹装扮成逃亡者，作

---

1 儒家经典之一，战国时孟轲及其弟子所著，现存七篇。书中记载了孟子及其弟子的政治、教育、哲学、伦理等思想观点和政治活动。宋代将其与《论语》《大学》《中庸》并称为"四书"。

2 旧题周楚鬼谷子著，实为后人伪托，共三卷。内容多为揣摩、纵横捭阖之术。

3 又名《吕览》，战国末期秦相吕不韦集合门客共同编写，杂家代表（转下页）

为间谍潜入夏朝，但是又怕夏桀不相信他，于是自导自演了一出戏，他用箭射向伊尹，将其驱逐了出去。此后三年，伊尹一直在刺探夏朝的内部情况，然后回到了商朝。吕牙，即太公望吕尚，也就是姜子牙，他是周朝建立者文王和武王的手下，也是为推翻商朝出谋划策的功臣。《史记·齐太公世家》记载了两个传说：一是吕尚最初是为商纣王效力的，但是眼见他昏庸无道，于是离开了他，后来效力于文王；二是文王被夏国囚禁时，吕尚给纣王送去美女和财宝以博取其欢心，然后让其释放了文王，最后吕尚带着文王回到了周国。另外，据《鬼谷子》记载，伊尹在夏、商之间往返了五次，吕尚则在商、周之间往返了三次。因此，吕尚带着文王和武王的密令，作为间谍潜入商朝这一传说应该自古以来就有。

【解说】

孙子举出伊尹和吕尚的例子，力陈在敌国中枢进行谍报和谋略活动的间谍的重要性。这种大牌间谍所获得的情报在君主和将军制定战略、全军发起作战行动时，将成为独一无二的指南。如果能够成功将心腹手下送入敌国中枢，胜利就十拿九稳了。

（接上页）著作。全书共二十六卷，内容以儒、道思想为主，兼及名、法、墨、农及阴阳家言。汇合先秦各派学说，为当时秦国统一天下、治理国家提供了思想武器。

另外，竹简本《用间》篇中，在"周之兴也，吕牙在……"与"唯明主贤……"之间，还有"……率师比在陉。燕之兴也，苏秦在齐"这一段话。其中，前半段指的是何种具体史实，目前尚不清楚。后半段的"燕之兴也，苏秦在齐"则指的是这样一个事件：公元前324年，纵横家苏秦为了消除齐国对燕国的威胁，作为客卿进入齐国，他不断怂恿齐湣王挥霍浪费，试图使齐国的国力变得疲敝。

当然，这样的内容只有在苏秦的谋略广为世人所知之后才能加以记载。苏秦实际上是燕易王派出的间谍这件事是在公元前317年他在齐国死于非命之后才暴露的。因此，如果以这段话为判断基准，《孙子》的成书年代就会被推迟到公元前300年左右。

不过，《孙子》从整体构成上来看，是与吴越争霸同一时期的著作，如果竹简本中的这段话在《孙子》成书初期就存在的话，那么整本书里就只有这段话明显脱离了吴越争霸这一时代背景。《孙子》中出现的专有名词只有十三个：吴人、越人、（专）诸、（曹）岁、黄帝、四帝、率然、恒山、夏、殷、周、伊挚、吕牙。而且，这些专有名词中，能够代表比较具体的时期的只有四个：吴人、越人、（专）诸、（曹）岁。前两个代表了公元前510年到公元前472年的吴越争霸时期，后两个作为春秋时期的勇士而驰名天下。

专诸奉吴公子光之命刺杀吴王僚是在公元前 516 年，而为鲁庄公效力的曹刿（岁）在会盟时胁迫齐桓公归还鲁国被夺走的领土则是在公元前 681 年。

因此，就现行的文本来看，可以看出《孙子》的作者在行文时非常小心，在讲述具体史实时，其时代范围绝不会晚于吴越正在争霸的那个时期。一方面，《孙子》中很多地方都表明，其作者是效力于吴国的孙武，但另一方面，书中却公然记载着公元前 317 年之前绝对不可能知道的事情，如果说这两件事是同一个人所为，则非常令人费解。

所以，竹简本中有问题的那段话应该不是一开始就存在于《用间》篇中的，而是从战国后期到汉初这段时间，《孙子》在流传的过程中由后人加进去的补充说明。

第十三章　火攻篇

本篇在阐述火攻战术的同时，还主张对战争需要采取慎重的态度，并对全书十三篇进行了总结。武经七书本、平津馆本的篇名为《火攻第十二》，十一家注本的篇名为《火攻》。竹简本中，记载在竹简上的篇名也是《火攻》，不过写有篇目的木牍的第十三篇篇目为"火"，第二个字有部分残缺，据推测，可能是"陈"字。也许《火攻》篇过去也叫《火陈[1]》篇。

67　攻火有五

孙子说，使用火的攻击法一共有五种。第一种是火人，即对兵营进行火攻，火烧里面的士兵。第二种是火积，即把集中储藏的物资烧光。第三种是火辎，即对正在运输物资的辎重部队发起火攻。第四种是火库，即放火把保管物资的仓库烧光。第五种是火隧，即烧毁甬道、栈道等道路。火攻的执行人或是

1　"陈"通"阵"。

本军在敌军中的内应，或是事先混入敌军内部的负责搞破坏的特工。当内应或特工计划实施火攻时，一定要事先做好准备。放火要选择合适的时节，放火后要想让火势旺盛，要选择合适的日子。适合放火的时节是天气干燥的季节。适合扩大火势的日子是月亮的位置与天界的箕、壁、翼、轸这四个星座重合的日子，凡是这四种日子，都会开始刮大风。

【原文】

孙子曰，凡攻火有五。一曰火人，二曰火积①，三曰火辎，四曰火库，五曰火隧②。行火有因。因必素具。③发火有时，起火有日。时者天之燥也。日者宿在④箕壁翼轸⑤也。凡此四者，风之起日也。

【注释】

①积：储备的物资。　②隧：十一家注本的原文为"隊"，但梅尧臣的注中说"'隊'一作'隧'"，另外，贾林、何延锡的注中也说"隧，道也"，因此，我认为本来应该是"隧"。"隧"是"道路"的意思，特别是那种两侧有墙，以免让外面看见的甬道和沿悬崖用木头拼搭成的栈道。　③因，"依靠关系、拜托亲友"之意，此处指早就在敌军内部找好的内应者混入敌方阵营内负责放火的专门搞破坏的特工。素具，"素"

208

为"事先、预先"之意，"具"为"准备、备齐"之意。　④宿在：十一家注本的原文为"月在"，但从"宿者，月之所宿也"（杜牧注）、"宿在者，谓月之所次也"（梅尧臣注）等古注来看，我认为本来应该是"宿在"。"宿"就是星座，指的是位于太阳运行的黄道和赤道附近的二十八个星座（二十八宿）。　⑤箕，位于天球东北方向的星座，相当于西方的射手座。壁，位于天球西北方向的星座，与西方的飞马座有一部分重叠。翼，位于天球东南方向的星座，相当于西方的巨爵座。轸，也是位于天球东南方向的星座，相当于西方的乌鸦座。

【解说】

　　要想实施火攻，就要事先准备好内应者或专门搞破坏的特工。在实施第一种火攻法——火人时，内应者或伪装成敌兵潜入敌营的特工看准时机，放火将营帐点燃。在火势蔓延的同时，正在等待时机的部队趁乱进行攻击，给予敌方人员沉重打击。

　　在实施第二、三、四种火攻法，也就是火积、火辎、火库时，主要的攻击目标是敌人的军用物资。如果能通过这几种方法将敌人储藏或是正在搬运的兵粮、武器、甲胄等大量烧毁的话，敌军的战斗力将大大下降。

第五种火攻法——火隧是烧毁敌人的补给通道、行军道路和桥梁等。当敌人的粮道被切断，或者正在移动的部队被断成几截之后，其军事行动将受到很大的制约。

要想让火攻获得成功，除了要确保有放火人员外，还需要另外两个条件，那就是适合点火的非常干燥的天气，以及着火之后能扩大火势的强风。孙子说，月亮位于箕、壁、翼、轸这四宿的日子是开始刮风的日子。在古代中国，原本人们认为风是从星星上刮过来的，天文现象与风有着密切的关系。不过孙子的这番话并非基于天官、时日、风角等阴阳流兵学理论，而应该是他从长期的实战经历中得出的经验法则。

68 知有五火之变，以数守之

当内应者或特工放的火在敌方兵营内燃烧起来之后，正在等待时机的部队要迅速与之呼应，进行攻击。如果起火之后，敌军士兵仍然很平静，那就不要马上攻击，而要看清火灾蔓延的状态，要是看样子有可乘之机，就与火灾相呼应，发起攻击，如果看样子没有可乘之机，就要中止攻击。如果有强风不断吹向敌人的营地，具备从外部放火的条件的话，就不要等敌营内的人放火，可以看准时机从外部放火。当火势从上风方向开始蔓延时，绝不能从下风方向发起攻击。在白天刮了一整天风的情况下，到了晚上风就会减弱或停息，所以如果是期待晚

210

上有风时发起火攻的话，就要放弃这个计划。

一定要熟知军事上进行火攻时的这五个应对的注意事项，然后运用技术来实施这些攻击法。

【原文】

火发于内，则早应之于外。火发其兵静，而勿攻，极其火央①，可从而从之，不可从而止之。火可发于外，毋待于内，以时发之。火发上风，毋攻下风。昼风久，夜风止。凡军必知有五火之变，以数守②之。

【注释】

①央：同"殃"，"灾难"之意。 ②数守：数，"术数"之意，指必然会带来相应效果的固定技术。守，忠实地履行职责或任务。这里指恰当地实施五种火攻法。

【解说】

本段主要阐述了火攻敌方兵营的火人在实施时的一些注意事项。当着火后看不出敌兵有慌乱的迹象时，孙子主张不要马上进行攻击，而要观察火势的蔓延状况一段时间，原因在于这有可能是内应者背叛或特工被逮捕导致本方计划暴露，然后敌方反而想出一计，企图以着火为诱饵将本军诱入圈套。

"昼风久，夜风止"如果理解成"白天如果一直在刮风，晚上风就会停息"，那么这两句话就都是对于风的客观描述，"变"——各种情况下的应对办法——的意思就体现不出来。因此，将前一句理解成对风的客观说明，后一句理解成针对前一句的人为的应对办法比较好。

《老子》[1]第二十三章中说，"飘风不终朝，骤雨不终日"，旋风不会刮一上午，阵雨不会下一整天，这可以说是常识。有鉴于此，在强风刮了一整天的情况下，到了晚上，风一般会停止，因此，还是放弃利用夜里的风进行火攻的念头比较好。

69 以火佐攻者明

因此，把火作为攻击的辅助手段，靠的是将军聪明的头脑；把水作为攻击的辅助手段，靠的是军队强大的综合战斗力。水攻虽然可以将敌军分隔开，却无法直接剥夺其战斗力。

【原文】

故以火佐攻者明。以水佐攻者强。水可以绝，不可以夺。

1　又名《道德经》，道家的主要经典。相传为春秋末老聃所著，现一般认为编定于战国中期，基本上保留了老子本人的主要思想。提出了一个以"道"为核心的思想体系，具有丰富的朴素辩证法思想。

【解说】

挖开堤防，使河川决堤，从而使得敌人的野战军在洪水中寸步难行；或者在城池的周围事先筑好堤防，然后把河水引入其中以包围敌城。这样的攻击法确实可以起到隔离敌军，使其陷入孤立的效果。

不过，在这种战术下，受到水攻的敌军所蒙受的不利只不过是与援军的联络中断而已，并非立刻丧失了战斗力。因此，仅靠水攻不可能剥夺敌人的战斗力，想要最后解决问题，还需要进行战斗或长期围攻。

而且，水攻不仅需要很长时间，还要有强大的综合战斗力，比如用于土木工程的材料和人员、为了铺设包围网所需的兵力、维持持久战的兵粮，等等。因为孙子的立场是在短期内决出胜负，将国家经济的消耗控制在最小范围内，因此在孙子看来，水攻是一种效率极低的战术。

与水攻相比，火攻不需要很长时间，不需要什么费用，也不费事，而且可以在一瞬间完全剥夺敌人的战斗力。基于这些理由，孙子将火攻定位为比水攻更卓越的战术。

70 死者不可以复生

在战斗中获得了胜利，攻击也取得了战果，尽管如此，却不在此基础上追求战略上的成功，而是一直把战争拖延下去，这对国家前途来说是不祥的行为。我将其命名为"一边浪费国力，一边在外地磨蹭"。因此人们常说，有远见的君主会对快速在战争中取胜并终结战争一事进行深思熟虑，有利于国家的将军会追求战略上的成功，即乘胜在短期内结束战争。

如果没有好处，就不发起军事行动；如果无法取得胜利，就不动用军事力量；如果危险没有迫近，就不进行战斗。君主绝不能因为一时愤怒而动用军队，发起战争，将军绝不能在一时激愤的驱使下进行战斗。如果符合国家利益，就动用军事力量；如果不符合国家利益，就放弃使用军事力量。愤怒的感情不久就会缓和，又回到愉快、喜悦的心境，激愤之情也迟早会消失，再次回到高兴的心境，但如果轻率地发动战争并败北的话，灭亡的国家无法复兴，死去的人们也无法复活。因此，有先见之明的君主要采取慎重的态度，不要轻易发动战争，有利于国家的将军要自我警惕，不要轻率地让军队投入战斗。这才是保持国家安定和保全军队的方法。

【原文】

夫战胜攻得，不隋①其功者凶。命之曰费留。故曰，明主虑之，良将随之。非利不动，非得不用，非危不战。主不可以怒兴军，将不可以愠战。合于利而用，不合而止。怒可复喜也，愠可复悦也，亡国不可以复存，死者不可以复生。故明主慎之②，良将警之。此安国全军之道也。

【注释】

①隋：同下文的"随"，"追随、追赶"之意。　②明主慎之：十一家注本作"明君"，但在竹简本中，君主均用"主"来表示，另外，武经七书本和平津馆本也作"明主"，此处从之。

【解说】

无论在战斗中取得多少胜利，攻占了多少敌国的土地和城池，如果不将其与战略上的成功——在对本方有利的前提下终结战争——联系起来，那这些成果就仅仅只是战术上的、局部的胜利。

因此，君主和将军必须时刻深入思考下面这个问题，即战斗的胜利和领土的获得在整个战略构想中占据何种位置，可能具有何种意义？然后，在此基础上，为了让好不容易取得的战术的、局部的胜利能够为战略目的——在本方获胜的前提下迅速地终结整个战争——服务，需要从这些成果中最大限度地提取战略上的成功。

如果只是漫无边际地扩大占领地区，对本军的优势感到放心，或者是对局部战斗的胜利感到自我满足，而不去努力将这些战果扩大为战略上的胜利，那么这些胜利就都是徒劳无功的。更重要的是，这对国家来说是不祥之事。

为什么这么说呢？因为就算结果不是败北而是胜利，但为了取得这些胜利，本国已经付出了经济上的巨大牺牲。前线有兵力存在这件事本身就已经是损失了，战争中没有无偿的胜利。在这一前提下，如果满足于一些小规模胜利，无法从中提取出战略意义的话，那么这种胜利就只是毫无意义的积累，因为无法取得与付出的代价相称的成果，这样会把国家拖进长期持久战的泥潭，国力在不断被消耗，战争目的却无法达成，不久本国肯定会灭亡。作为君主和将军，必须避免这样一种愚蠢——不断取得小范围胜利，却导致本国走向灭亡。

说到底，战争本身并不是目的，它只不过是达成政治目的众多手段中的一种。既然如此，那么不管是在下决心开战前，还是在战争中，关于如何终结战争的思考都应该是君主和将军时刻放在心头的最重要课题。

如果说终结方式已经成了战争的最大课题，那么，是否要开战，即是否要诉诸战争这一手段来打开局面，就一定是比终结方式更为重大的课题。与"兵者国之大事也"（《计》篇）这句卷首语相呼应，孙子用一番沉重的话来作全书十三篇的最后总结，在这番话中，孙子对战争指挥者提出，应该对国家和人民采取一种负责任的态度，如果一着不慎，将造成无法挽回的后果。

作为经典的《孙子》

　　所有的战争都从这个世界上消失，人们永远生活在和平的大地上。这在古代中国也是很多人的理想。

　　人必须像爱自己一样去爱其他人，人不能在牺牲他人的基础上获得自己的利益，众人都必须放弃追求私利的欲望，共享"全天下的和平才是人类共同的利益"这一理念，这是墨家提出的"兼爱"这一著名主张。作为兼爱的一环，墨家集团又进一步提倡"非攻"，一旦接到有大国侵略小国的消息，他们就携带武器站到小国的城墙上，挺身进行激烈的防御战。他们的奋战被称为"赴火踏刃，死不还踵"（《淮南子[1]·泰族训》），也使得"墨守"一词在后世永远流传。

1　又名《淮南鸿烈》。西汉淮南王刘安及其门客苏非等著，现存 21 篇。以道家思想为主，糅合儒、法、阴阳五行等家思想，一般认为它是杂家著作。保存了不少自然科学史材料。

　　除了墨子以外，宋钘[1]、尹文[2]、公孙龙[3]等人也希望"天下之安宁以活民命""救民之斗，禁攻寝兵，救世之战"（《庄子[4]·杂篇·天下》），提倡非战论的思想家代有人出。然而，仿佛是在嘲笑他们的努力似的，战火一直没有中断过。

　　《吕氏春秋·孟秋纪·荡兵》批判说，这种反战、非攻的呼吁对现实而言是无力的，并得出了这样一个结论：和平只有以强大的武力为背景才能达成。《荡兵》中写道："争斗之所自来者久矣，不可禁，不可止。"这句断言是看透了人类的本性之后发出的，它毫发不爽地应验了：此后长达数千年的人类历史果然是无休止的战乱的记录。

　　面对以和平主义者自居的齐威王，孙膑先是回顾了连五帝、三王、周公旦都不得不靠武力才能平定天下的历史，然后说道："德不若五帝，而能不及三王，智不若周公，曰我将欲责仁义，式礼乐，垂衣裳，以禁争夺。此尧舜非弗欲也，不可得，故举兵绳之。"（《孙膑兵法·见威王》）意思是说，距离圣王、贤者还有很大距离的齐威王这种人想要不靠武力就让天下和平，简直就是无稽之谈。

"夫乐兵者亡，而利胜者辱。兵非所乐也"（《孙膑兵法·见威王》），一方面要对使用军事力量保持极为慎重的态度，另一方面要警惕仅仅是空喊口号的理想主义，保持现实主义的立场，这才是孙子学派的思想立场。

一 本书作为经典的来历

《孙子》的名声与古代中国的兵学

据传，《孙子》十三篇是效力于春秋末期的吴王阖闾（前514—前496年在位）的兵家孙武所写的兵书。

孙武与为魏、楚效力的兵家吴起齐名，在战国时期就已经名震天下，先秦文献中也出现过他们的名字，如"孙吴用之，无敌于天下"（《荀子[1]·议兵》）。

另外，《孙子》中的段落也经常被《尉缭子·将理》等战国到秦汉时期的文献所引用。正如韩非所说的那样，"藏孙吴

---

[1] 儒家经典之一，战国末期荀况所著，共32篇，其中《大略》等最后六篇或系其弟子所记。文章长于说理，多长篇大论，多用排比和比喻，词藻丰富。

之书者家有之"(《韩非子 [1]·五蠹》)，在战国后期，《孙子》已经传遍天下，成为军人的必读书了。

因此，可以说《孙子》早在战国末期就已经确立了其作为经典的地位。西汉建立之后，正如司马迁（前145年左右—前86年左右）所写道的那样，"世俗所称师旅（军事），皆道孙子十三篇"(《史记·孙子吴起列传》)，《孙子》在从事军事工作的人们中间获得了越来越多的读者。

作为这种倾向的反映，在整个汉代，有很多人给《孙子》作注，不过现存最早的注是《三国演义》中的英雄魏武帝（曹操）所作的注。曹操（155—220）说："吾观兵书、战策多矣，孙武所著深矣"(《注孙子序》)，表达了对《孙子》的深深倾倒。

进入唐代以后，以著名诗人杜牧 [2] 为代表，为《孙子》作注者不断增加。到了宋代，《孙子》与《吴子》《司马法》《尉缭子》《李卫公问对》[3]《三略》[4]《六韬》等兵书一起被称为"武

---

[1]　战国时期韩非的著作总集，集先秦法家学说之大成。韩非死后，后人搜集其遗著，并加入他人论述韩非学说的文章，编成此书，共55篇。提出了"法""术""势"相结合的法治主张。

[2]　803—853年，唐文学家，字牧之。京兆万年（今陕西西安）人。其诗在晚唐成就颇高，与李商隐并称"小李杜"。有《樊川文集》。他对《孙子》的注是曹操之后成就和影响最大的。

[3]　又称《唐太宗李卫公问对》。旧题李靖所著，现在一般认为是熟悉唐太宗、卫国公李靖思想的人根据他们的言论编写的。著作采取了问答的形式，涉及内容较为广泛，包括军制、阵法、训练、边防等，但主要讨论的是作战指挥。

[4]　又称《黄石公三略》，相传为秦末黄石公所著。据考证，实为西汉末年精通兵法、熟悉张良事迹、拥护汉室的隐士所著。全书分上略、中略、下略（转下页）

经七书"，占据了军人经典的宝座。

就这样，《孙子》一直保持着其作为兵学经典著作的、难以撼动的地位，而且影响不仅限于中国，还波及日本乃至西欧。

正如我刚才提到的，战争是存在于人类社会的普遍现象，而且其胜负与国家和民族的存亡直接相关，因此，从古代起就有很多民族留下了数量庞大的战争记录。不过，这些记录只不过叙述了人们所见所闻的特定战争经过，并没有分析和阐明战争本身在形式上所具有的复杂构造，也没有进入到探求隐藏在战争形式中的普遍原则的阶段。

超越了战史这一层次，创造出了真正足以被称为军事思想的著作的，在近代之前就只有古代中国文明。孙子、吴子等被称为兵家的一群人早在公元前数世纪就已经构建起了宏大的军事思想理论体系。

另一方面，回顾一下西欧的军事思想发展史就会发现，其真正的开端迟至十五、十六世纪时的马基雅维利[1]，而触发他

（接上页）三卷。侧重于从政治策略上阐明治国用兵的道理，是一部糅合了诸子各家的思想，专论战略的兵书。

1 Niccolò Machiavelli（1469—1527），意大利政治思想家、历史学家。主张结束意大利的分裂，建立统一而强大的君主国。在《君主论》一书中提出君主为达到目的，可以不择手段。

研究军事的是当时法国国王查理八世[1]入侵意大利一事。而且欧洲近代军事学受到了一些时代上的制约，如中世纪封建骑士制度的残余、发达的货币经济所支撑起的绝对王权下的雇佣兵制度，等等，因此在此后的数百年间一直在试错。

西欧近代军事学与过去的错误遗产——缓慢的运动、靠步哨线方式分散兵力、回避决定性的会战、对地形的过度信仰、唯心的几何学主义等——告别，成为具有特色的军事思想，则必须等到十八、十九世纪时的拿破仑战争的冲击，当时，法国军队席卷了整个欧洲。只要想一想这个事实，我们就会发现，古代中国兵学的建立本身就已经是一件令人惊叹的事了。

中国兵学的停滞

但是，在古代独自构建起来的中国兵学在秦汉以后，其理论发展陷入了长期的停滞。虽然古代兵书后来依然受到尊重，但是，其中所蕴含的很多宝贵成果一直没有获得新的继承者，也没有对时代状况的变迁做出应对并找到正常的发展。

就这样，中国兵学在大约两千年的时间里一直处于停滞状态。与此相对，西欧近代军事学虽然不免经历了很多波折，

---

1 Charles VIII（1470—1498），法国瓦卢瓦王朝的最后一位国王，1483—1498年在位。他野心勃勃，企图控制意大利，结果使法国卷入了长达半个世纪的意大利战争，带给了法国无穷的灾祸。

222

但整体而言，可以说实现了稳步发展。因为国家机构的改组、科学技术支持下的工业力量的飞速扩大、资本主义的发展，等等，这些从十八世纪到十九世纪覆盖整个欧洲的广泛而又急剧的社会变革促使军事思想不断向前发展，并从根本上保证了其实现。

自从十九世纪西欧的军事力量波及中国大陆沿岸以来，正如鸦片战争中的败北所象征的那样，中国被迫认识到，自己在军事的所有方面都已经落后了。直接的军事力量自不待言，即使是在组编和运用军事力量时所使用的战略、战术领域，中国军事思想也没能取得任何值得一看的成果，不断败退。日本通过德国陆军少校梅克尔[1]，早早就吸收了以克劳塞维茨和毛奇[2]为代表的普鲁士军事学，并获得了军事上的成功；而以积弊甚多的北洋舰队为主力的清朝则遭遇了惨败。当把中日两国放在一起对比时，中国在军事上的落后尤为明显。中国兵学的没落与西欧近代军事学的胜利已经是板上钉钉的事了。

拿破仑在繁忙的前线也拿着传教士翻译成法语的《孙子》

1　Klemens Wilhelm Jakob Meckel（1842—1906），德国陆军军人，1885 年作为陆军大学教官到达日本，帮助日本陆军在所有方面实现了近代化，1888 年回到德国。
2　Helmuth Karl Bernhard von Moltke（1800—1891），也叫"老毛奇"。德国军事家，陆军将领。主持军制改革，扩充军备，并策划和指挥了丹麦战争、普奥战争和普法战争，推进了德意志统一。1871 年晋升为陆军元帅，任德军总参谋长。1888 年退役后任国防委员会主席。有军事著作多种，其军事思想在西方影响颇大。

不肯放手，他经常使用的快速集中兵力和确保相对优势的战术可以看出是受了《孙子·虚实》篇的影响。德意志皇帝威廉二世[1]在第一次世界大战结束后亡命荷兰时才第一次接触到《孙子》，然后他悔恨地说道，如果二十年前得到这本书的话，应该就不会遭遇那样的惨败了。以上两件事情确实是广为人知的。

不过，这些个别现象对半殖民地化的中国来说，起不到丝毫的慰藉作用，而且，对于西欧人来说，也不会让他们动摇对于自己的近代军事学的信心，这是无须赘言的。因为有无比强大的军事力量作为背景，所以总体而言，西欧近代军事学的优势在当时是难以动摇的。

两次大战与《孙子》的回归

进入二十世纪之后，欧洲各国经历了两次世界大战，这两次大战中，普鲁士军事学的继承者施里芬[2]制定的作战方案对整个战局有着巨大的影响。具体而言，为了对俄法进行两线作战，他制定出了两点方案：通过突破比利时和荷兰，在短期内歼灭法军；通过转移兵力，尽快歼灭俄军。这两点在他死后也

1　Wilhelm Ⅱ（1859—1941），普鲁士王国国王和德意志帝国皇帝（1888—1918年在位）。实行专制统治，镇压革命运动。对外推行侵略政策，大力发展海军。在近东和非洲扩张势力，强占中国胶州湾，出兵参加八国联军镇压义和团运动。1918年德国十一月革命爆发后，逃亡荷兰。
2　Alfred Graf von Schlieffen（1833—1913），德国陆军将领。1891—1905年任总参谋长。1911年晋升为元帅。

是不变的课题，决定了德国的军事行动，也决定了欧洲大战的基本框架。

在"一战"中，尽管在东部战线取得了超出预期的成功，但小毛奇[1]却违背了"强化右翼"这一施里芬去世时留下的方案，在向西线集中兵力时优柔寡断，导致对法国的攻势受挫，从而使德军陷入西部战线的胶着状态——这是大忌。最终，这成为了打碎德国胜利希望的直接原因。

在"二战"中，德国仍然是从比利时、荷兰对法国进行侧面攻击，另外还新加上了对法军的正面突破，结果在短时间内就让法国投降了。不过，这次在东部战线出了问题，德军没能歼灭苏军，这也导致了纳粹第三帝国的垮台。

两次大战使欧洲各国——无论是战胜国还是战败国——都陷入难以名状的荒芜。这种惨状引发了人们对西欧近代军事学——它在康德[2]、黑格尔[3]等人的唯心论的强烈影响下发展，并凭借克劳塞维茨的《战争论》一书在理论上臻于完

1　Helmuth Johannes Ludwig von Moltke（1848—1916），德国陆军将领，老毛奇之侄。1906—1914年任德军总参谋长，积极准备发动"一战"。对施里芬计划有所修改。大战初期指挥马恩河会战失败，被解职。

2　Immanuel Kant（1724—1804），德国哲学家，德国古典唯心主义的创始人。主要著作有《纯粹理性批判》《实践理性批判》《批判力批判》等。

3　Georg Wilelm Friedrich Hegel（1770—1831），德国哲学家，德国古典唯心主义的集大成者。创立了欧洲哲学史上最庞大的客观唯心主义体系，并极大地发展了辩证法。主要著作有《精神现象学》《逻辑学》《法哲学原理》《美学》等。

善——的强烈怀疑。克劳塞维茨基于拿破仑战争的教训而提倡的一些固定观念，如重视决定性会战、歼灭敌方兵力才是战争的基本形态这一定义、以完全打垮敌国为目标的绝对战争的概念，等等，已经形成了西欧军事思想中难以抹去的潜流。尤其是作为西欧近代军事学精华的普鲁士军事学，又加上被毛奇普遍绝对化的包围歼灭战这一要素，其形而上学的色彩越发显著。

仅仅从军事力量的正面冲突这一方面来理解战争的上述倾向，引发了人们的反省，觉得这样做使我们失去了对战争的灵活适应性，结果导致我们不断重复徒劳无用的流血，这种反省如今在西欧的军事思想界也经常可以看到。英国军事思想家利德尔·哈特[1]从这一角度出发，尖锐批判了克劳塞维茨以来的西欧近代军事学。他强调，今后我们在使用军事力量时，应该更重视间接战略，在其著作《战略论》的卷首，引用了不少《孙子》中的话。

这股潮流不仅限于欧洲。即使是在明治以来作为普鲁士军事学的忠实信奉者而一直不停战斗，最终遭受了前所未有的惨败的日本，也可以听到这样一种后悔的言论——我们过于忽视

---

1 Sir Basil Henry Liddell-Hart（1895—1970），英国军事理论家、战略家。代表著作为《战略论》，宣扬"间接路线战略"理论，主张把战斗行动尽量减少到最低限度，避免正面强攻的作战方式，强调用各种手段出其不意地奇袭和震撼敌人，使其在物质上遭受损失，在精神上丧失平衡，以达到不进行决战而制胜的目的。

《孙子》了。在日本，原本就有接受《孙子》的悠久历史。八世纪时，吉备真备[1]从唐朝带回了《孙子》，并奉朝廷命令在太宰府[2]讲解了《孙子·九地》篇。后来，大江匡房[3]将《孙子·行军》篇中的一段传授给了源义家[4]，源义家借此在后三年之役[5]中识破了敌方伏兵的存在。另外，德川家康在庆长十一年（1606年）刊行了官版"武经七书"，江户时代的儒学家也竞相为《孙子》作注。尽管有着如此悠久的《孙子》接受史，但《孙子》从来没有成为过日本军事思想的中心。不过，前面提到的姗姗来迟的反省表明，日本终于也开始重新评价《孙子》了。

在《孙子》的老家——中国，情况同样如此。国共内战时，中国共产党的军队在共产国际派来的军事顾问李德[6]的指

1　695—775年，日本奈良时代的政治家、学者。717年，作为遣唐学生到中国学习儒学、律令等，735年归国，携回《唐礼》、历书、兵书等。752年，又以遣唐副使的身份来到中国，754年归国。

2　奈良、平安时代为了对外防御和总管九州地区而设置的政府机构，地址在今天的福冈县太宰府市。因为远离朝廷，也成为中央流放官员的地方。

3　1041—1111年，平安时代后期的学者、歌人。曾担任后三条、白河、堀河天皇的侍读。

4　1039—1106年，平安时代后期的著名武将。在前九年之役、后三年之役中成功镇压了安倍氏、清原氏等虾夷豪族的叛乱。奠定了源氏一族在关东地区势力的基础。

5　1083—1087年在奥羽（现在日本的东北地区）进行的战斗。源义家趁着当地豪族清源氏的内乱将其消灭。此战之后，源氏确立了在关东地区的势力。

6　1900—1974年，德国人，原名奥托·布劳恩（Otto Braun），共产国际派驻中国的军事顾问，在指挥红军作战中推行"左"倾冒险主义的战略战术，反对游击战，使红军第五次反围剿失败。长征途中，在遵义会议上被剥夺红军的最高指挥权。

导下，反复进行西欧近代军事学所提倡的正面进攻，结果耗尽了战斗力，反而在江西被国民党军队包围并击溃。后来，在长征途中，毛泽东指出了此前的战略和战术上的错误，并放弃了这些战略战术，转而采用持久战略、游击战术等方针，而这些战略战术所运用的正是以《孙子》为首的中国兵学的传统。

近代以降，西欧军事力量的压倒性强大滋生出了对西欧近代军事学盲目的、过度的自信，这一点无可否认。不过，当撇开军事力量的优劣，重新评价军事思想自身的意义时，人们开始提倡回归以"不战而屈人之兵"（《谋攻》篇）为至上理念的《孙子》。虽然囊括中国兵学和西欧近代军事学的研究依然处于不充分的阶段，但人们确实正在不断加深反省——以数不清的流血为代价而获得的众多教训实际上在《孙子》中都已经提到了。《孙子》这部世界上最早的兵书如今仍在散发着不灭的光芒，傲然屹立于世界军事学史上。

二 孙武及其时代

春秋时期中原的战争

一直以来，《孙子》都被认为是春秋末期吴国将军孙武所著的兵书。那么，在孙武活跃的春秋时期，中原地区（黄河流域）的战争形态是怎么样的呢？

　　首先来看军队的构成。当时，国家内部根据身份分为诸侯—卿—大夫—士—民等阶层。其中，能够作为战士参加战斗的只限于士以上的阶层。将军还不是专门的官职，而是君主主要从皇族、卿、大夫中临时任命的。就像这样，春秋时期中原各国的军队与古代希腊、城邦国家时代的罗马、封建时代的西欧和日本一样，是由与普通民众有着明确区别的"身份战士"构成的。

　　因此，能够动员的兵力自然有限。在春秋前期，即使是著名的大会战，如晋国击败楚国并确立霸主地位的城濮之战（前632）、晋国联合鲁国和卫国讨伐齐国的鞌之战（前589）等，晋国的兵力规模也只有战车七八百乘，士兵两万余人。就算到了春秋后期，士兵也只有三四万，最多十万左右。

　　另外，在决定战争形态的要素中，与军队构成同等重要的是兵器的性质。在那个时代，中原地区使用的主力兵器是由数匹马拉着，并搭乘有御者和战士的战斗用车（战车、兵车），正如"千乘之君""万乘之国"等词语所表示的那样，国力是用该国拥有的战车数量来表示的。因为需要把数百乘到一千多乘的战车组成队列进行战斗，所以险要的地形是不适合战斗的，战场必须是平坦的地方。因此，在平原上伴随着漫天沙尘而展开的战车战是春秋时期会战的一般形式。

　　兵器的这种特点与军队由自尊心很强的身份战士构成这点结合在一起，导致了战斗的形式化，而且这种形式化是遵从贵族的伦理与礼仪的。比如，双方会事先商定会战的时间与地点（请战）；当两军摆好战车队列后，勇士会进入敌人阵中进行挑战（致师）。另外，当战斗开始后，如果一方的战车队列变得混乱、全军陷入无法控制的局面，或者是指挥官被俘，又或者是背对敌人溃逃的话，就会被认为是胜负已分——胜者将不再追击，不会彻底地打垮败者。总之，只要能在战场上解决外交纠纷就可以了，最重要的是双方战士上演的华丽而又雄壮的战场美学。公元前638年，宋国在泓水[1]之畔与楚国交战，当时，宋军已经完成了布阵，但楚军还在渡河。宋国有臣进言道，应该趁此机会攻击楚军，但宋襄公[2]却认为这是一种卑劣的战术，将其驳回。他一直等到楚军全部过河并布完阵之后才开战，结果以宋军大败而告终，但世人却盛传这是"宋襄之仁"。在春秋时期，这种事情是会在现实中发生的。

　　平原上的战车战在短时间内就能决出胜负，而且，在很多情况下，整个战争就只有一次会战，因此，战争持续的时间也很短，基本上只要两三天就能结束。当然，这只限于野战的场合，如果是攻城战的话，时间会延长。即便如此，因为防御一方的城池规模较小，防御兵器也不发达，而进攻一

1　今河南柘城西北。

2　?—前637年，春秋时宋国国君，前650—前637年在位。齐桓公死后，宋、楚争霸，互有胜负。在泓水之战中大败受伤，次年伤重而亡。

方的补给能力也较为薄弱，所以很难展开长期的攻防战，一般在数日至数月内就能决出胜负。因此，春秋时期的战争与后来的战国时期那种国家之间的总体战、消耗战不同，没有那么残酷激烈。

就像这样，春秋时期中原地区的战争在形式上比较单纯，一次战斗就是整个战争，所以决定胜负的要素主要是战士个人的勇猛和战斗技能，战略和战术所占的比重还很低。凭借巧妙的战术来获取胜利这样的想法在这个时代已经出现了，不过主要是战场内部两军对垒时所使用的一些策略，比如故意撤退，然后从两翼夹击追击而来的敌军中央部队。当然，探究整个战争的各种原理的军事思想还没有达到体系化的程度。

吴国的战争形态

从根本上动摇了上述中原传统战争观的是南方的吴国。吴人原本不是汉族，而是居住在长江下游的未开化的蛮族。公元前585年，族长吴寿梦[1]僭称王号。此后，他们与邻国楚国多次交战，到了吴王阖闾这一代，吴国达到鼎盛。正因为吴国有着这样的起源，所以其战争方式在很多方面与中原各国有着很

1　前620—前561年，吴侯仲雍后裔，吴侯去齐之子，吴国国君，前585—前561年在位。任用楚国逃亡大臣申公巫臣训练军队，学习中原的车战方法，兵力日强，开始伐楚，并和中原各国通使往来，从此吴国开始强大。从他开始，吴国国君的称号从"侯"变为"王"。

大的差异。

首先是军队构成方面。吴国原本是蛮族出身，并没有确立中原各国那种基于周朝封建制的身份制度。因此，战士只限于士以上阶层这样的身份制约是不存在的，普通民众武装以后就直接成为战士。这种方式具有很大的优势，可以大幅度提高动员兵力数在全国人口中所占的比例，而且对兵员损失的补充也变得很容易。

另外，吴国也没有确立卿、大夫等贵族被临时指定为将军的制度。因此，他们采取的方针是：很多时候由吴王亲自在前线进行指挥，同时招募精通中原地区战法的外国人作为军事专家和顾问。曾从楚国亡命到齐国的伍子胥[1]来到吴国成为参谋，与其相似来自齐国的孙武成为将军，都是基于这一方针。因此，孙武任将军时，将军已经不是中原那种临时被指名者的称号了，而是常年拥有带兵权限的专门官职。进入战国时期之后，这种方式也在中原地区普及了，从这点来说，吴国的军队构成是时代的先驱。

下面来看一下兵器的差别。在中原地区，战车是主力兵器，而在吴国，战车只不过是辅助性兵器。之所以如此，最大

---

1 前559—前484年，春秋时吴国大夫。助阖闾刺杀吴王僚，夺取王位，整军经武，国势日盛。不久攻入楚都，以功封于申，故又称"申胥"。吴王夫差时，劝吴王拒绝越国求和并停止伐齐，渐被疏远。后被夫差赐剑自杀。

的原因在于吴国是蛮夷出身。战车是殷商以来高度发达的中原文化之精华，对于除了徒步以外不知道有别的陆地交通手段的、未开化的吴人来说，使用战车的战斗技术完全与他们无缘。第二个原因是吴国位于长江下游的水泽、湖沼地带。正如《孙膑兵法·十陈》篇中主张的那样，"水战之法，必众其徒而寡其车"。战车原本是平原地区使用的兵器，在吴国那样的水泽、湖沼地带，战车很难自如地活动，只有在平原上疾驰才能发挥出来的机动性也大打折扣。

尽管如此，如果要跟拥有战车的中原各国的军队作战，吴国也需要拥有一定规模的战车部队。吴人第一次知道战车，是在公元前 584 年。当时，从楚国亡命到晋国的申公巫臣[1]留在楚国的家人都被杀死了，他为了向楚国复仇，派他的儿子狐庸将战车的操纵法教授给了吴人，并怂恿吴国进犯楚国。此后，吴军才开始拥有战车部队，不过，要想在水泽地带使用战车，需要付出一定的努力，动一番脑筋。

据《左传[2]·定公四年（前 506）》记载，当迎击前来进犯

---

[1] 本名屈巫。春秋时楚国人，后封于申，故名。楚共王二年（前 589），他出使齐国后，在返回楚国的路上，于郑国私自娶了夏姬并逃亡晋国。共王一气之下，灭了他全族。

[2] 又称《春秋左氏传》或《左氏春秋》，儒家经典之一。旧传春秋时左丘明所撰，现在一般认为是战国初年的人根据各国史料编成的。书中保存了大量古代史料，文字优美，纪事详明。

的吴军时，楚国大夫武城黑向将军子常进言道："吴用木也，我用革也，不可久也。不如速战。"也就是说，吴国的战车全部是用木头制造的，而楚国的战车在木头外面还覆盖了一层皮革，因此更加容易腐烂，在湿度很大的水泽地带与吴军展开持久战是不利的，所以要早日进行决战。由此我们可以知道，吴国在引进战车之后，对战车进行了抗湿性方面的改良，以便适应当地的地理环境。

不过，尽管做出了这样的努力，但对吴国来说，战车依然是很难操纵的兵器。伍子胥对吴王夫差说："陆人居陆，水人居水。夫上党（中原）之国，我攻而胜之，吾不能居其地，不能乘其车。"（《国语·越语上》）指出了吴国与中原各国之间在地理条件上存在着决定性差异，在中原地区发展起来的战车不适合吴国的地形。

因此，吴国的军队主力不是战车，而是步兵。即使在中原，到了春秋中期，也开始组编独立的步兵部队，"晋侯作三行以御狄"（《左传·僖公二十八年》）。独立的步兵部队摆脱了作为战车附庸的次要地位，逐渐在其他中原国家也普及开来，其比重也呈现出逐渐增加的趋势。不过，步兵是为了防御没有战车、从山岳地带前来进犯的夷狄才设置的，正如这种起源所昭示的那样，步兵部队所起的只是辅助性作用，中原各国军队的主力此后也依然是战车部队。

234

　　然而在吴国，公元前482年，吴王夫差[1]在黄池（河南省封丘）与晋、周、鲁会盟，并与晋国激烈争夺霸主地位时，用百人一行、百行一方阵的方式组编了三支步兵部队，每支部队一万人（《国语·吴语》），就这样，吴国已经完全采用了以步兵为中心的军队组编方式。从这点来说，吴国也是战国时期军队组编方式的先驱者。

　　吴军以步兵为中心的组编方式在战术方面也带来了一大变革。与战车相比，步兵受地形制约的程度要低得多，其作战行动也相应变得更加自由。具体而言，步兵可以轻松跨越战车无法跨越的森林、山岳、水泽等险要地形，并且可以利用这些地形来隐匿本方的行军路线，不让敌方发现。

　　于是，可以利用这两点优势来组合复杂的战术。例如，将兵力分成数支分别出击，以免被敌方识破目的地，然后迅速将兵力集中到事先商定好的地点，也就是使用分进合击法来扰乱敌军并各个击破；实施佯动作战，即派出诱饵部队，使敌军误判大部队的攻击目标；在险要地形潜伏兵力，进行奇袭或伏击；通过隐匿行军路线来包围敌军或切断其后路。

1　约前528—前473年，春秋时吴国国君，阖闾之子。前495—前473年在位。阖闾为越王所伤而死，他即位后誓报父仇。初在太湖打败越兵，并攻破越都，但不听伍子胥乘胜灭越之言，同意越王勾践求和。后开凿邗沟，向北扩展，在艾陵（今山东莱芜区东北）大败齐兵。前482年，在黄池会盟，与晋争霸，越王勾践乘虚攻入吴都，吴求和。后越再兴兵攻吴，他兵败自杀。

　　其结果就是：除了此前那种两军对垒后进行会战这一方式之外，又产生了新的战斗形态，即战斗本身充满了彻头彻尾的诡计。因此，用来欺骗敌人的诡诈和权谋已经不限于一场会战内了，它覆盖了军事行动的所有方面，从开战时机的选择、各部队的出击和移动、捉拿和攻击敌军，一直到军队的撤离。

　　我想举吴国进犯楚国的一场战役作为实例。公元前511年，吴王阖闾开始实施伍子胥和孙武制定的对楚战略。首先，他派出数支部队从各方面交替入侵楚国，接二连三对夷邑（河南城父）、潜邑（安徽霍山）、六邑（安徽六安）发起佯攻，又包围了弦邑（河南潢川）。对吴国的入侵感到愤怒的楚国每次都派出军队前去对抗，但吴军有意避免会战，他们每次都迅速撤退，然后又去攻击巢邑（安徽巢县）等地，从别的方向发起攻击，使楚军四处奔走并逐渐陷入疲劳。通过这一连串的机动战，楚国强大的军事力量变得极为疲敝。看准这点之后，前506年，吴国联合蔡、唐二国的兵力，对楚国发起了总攻，并在五次会战中连战连捷，最终长驱直入楚国都城——郢（湖北江陵）。楚王好不容易捡了条命，逃亡到了北边，春秋超级大国楚国的几乎整片领土瞬间就被占领了，吴国获得了空前的大胜利。

　　这场战役在史上首次实践了战争全局的诡计化，是一个划时代的战例。当时，即使是中原地区的战车战，无论如何都想获胜这一人类的强烈愿望，也逐渐开始将战士的伦理从战斗中驱逐出去，到了这场战役，战场的美学已被清扫一空，战争的性质一百八十度大转弯，变成了没有规则的互相欺骗。"兵者诡道也"（《孙子·计》篇）这一宣言正是以这种变化为背景而发出的。

在长途进攻和持久战这两方面，吴国也给当时的战争带来了划时代的变化。说到底，长途进攻只有通过提高军队的机动性和补给能力才有可能实施。以战车为主力的中原军队无法跨越险要的地形，行动范围狭窄，因此不适合长途进攻。攻击距离有飞跃式的突破是从春秋末期的吴国军队开始的。

公元前 506 年，吴国一举攻陷了楚国都城郢。这是一场史无前例的长途进攻，单程距离就大大超过了两千里。另外，前 487 年，吴国前去救援受到鲁国季孙子[1]攻击的邾国，连破鲁军，并进逼鲁国都城（山东曲阜），鲁国不得不签订了城下之盟。前 485 年，吴国率领鲁国、邾国、郯国的军队攻打齐国，大破齐军，一直打到郎邑（山东蒙隆）。次年，齐国试图报前一年的战败之仇，结果吴国在艾陵（山东莱芜）再次大胜齐国。这一连串对鲁、齐的战争都是长途进攻，单程距离都大大超过了一千里。

1　即季孙氏，春秋后期鲁国掌握政权的贵族。

就像这样，能够反复进行远超当时水平的长途进攻的，只有阖闾和夫差率领的吴军。而这种长途进攻之所以成为可能，一个重要原因就是吴军在组编时以步兵为中心，在进军时可以不受地形的阻碍。

还有一个原因是，凭借水军这一看家法宝，可以将援兵和补给物资等运输到前线附近。公元前486年，吴国开凿了邗沟，把淮河和长江连接了起来，其意图就是要进攻北方的齐国。次年远征齐国时，水军甚至还从海上北上，将部队运到齐国登陆。另外，前484年，吴国用运河连通了沂水、泗水和淮河，这也是在为两年后出征黄池做准备。这种靠水上补给通道来维持兵站线的努力，在背后支撑着吴国令人惊异的长途进攻。

下面来看一下战争的长期化。在吴国占领了几乎整个楚国的战役中，从公元前516年开始，围绕着国境线附近的要冲——州来（安徽凤台）——的控制权，双方已经多次展开争夺。在此基础上，前511年，吴国开始实施伍子胥和孙武的作战计划，前506年攻占了楚国都城，一直占领到次年因为秦国援军的参战和越国入侵吴国而撤退为止。因此，这场战争从前511年一直持续到前505年，前后长达七年。

另外，著名的吴越争霸前后持续了62年之久，即使从前496年吴王阖闾在檇李（浙江嘉兴）战死、战局激化开始算起，到前 472 年吴国灭亡为止，也足足有 24 年，是一场空前持久的战争。

吴国参与的这些战役是此前中原完全没有的长期战，也是后来战国时期很常见的持久战——如赵国花费十年时间进攻中山国，燕国对齐国进行了前后长达七年的进攻——这样的先驱性事例。一开始就以彻底占领他国为目的的激烈的总体战、消耗战的时代，由此拉开了可怕的序幕。

正如前面所解说的那样，吴国在所有方面都彻底改变了传统战争的面貌。多次长达数千里的长途进攻作战，长达数年的长期持久战，以步兵为中心的军队组编方式和复杂战术的大量使用，连破齐、鲁，占领楚国的郢都，还有在会稽山使越国全面投降，这些都是吴国的光辉战绩。另外，从长江下游的蛮夷迅速成长为中原地区的霸主，其兴起的速度也是惊人的。吴国这些惊人的军事行动给那个时代带来了不可估量的冲击。正是将军孙武的兵法使得吴国战斗力骤然强大起来，从而带来了震惊整个中国的闪电般的冲击，也成为《孙子》诞生的重要契机。

吴国的军事行动与《孙子》

《孙子》中包含着很多其他兵书中看不到的特别的军事思想。在此，我想从中选出若干，并论述其与吴国战争形态的关联。

《孙子》所设想的战争形态集中体现在"凡兴师十万，出师千里，百姓之费，公家之奉，费日千金，内外骚动，怠于道路，不得操事者，七十万家。相守数年，以争一日之胜"（《用间》篇）这句话中。

根据这句话的规定，构成战争的要素有以下几点：（1）动员十万大军；（2）长途入侵敌国内部；（3）长达数年的持久战；（4）倾全国之力的总体战。从防止国力消耗的角度出发，这些前提条件催生出了下列主张："兵闻拙速，未睹巧久"（《作战》篇），也就是要在短期内进行决战；"不战而屈人之兵，善之善者也"（《谋攻》篇）。也就是说，比起直接的战斗来，更重视间接的战略。另外，随着战略、战术所占比重的提高，为了制定战略战术而进行的情报收集和谋略活动也变得重要起来，于是产生了《孙子·用间》篇中的争取在谍报战中获胜这一主张。以上这些军事学上的特点产生的源头都是前面提到的始于吴国的战争形态。

下面来看一下将军的情况。"将能而君不御者胜"（《谋攻》篇），"料敌制胜，计险易远近，上将之道也……故战道必胜，主曰无战，必战可也。战道不胜，主曰必战，无战可也"（《地形》篇），由此可见，《孙子》强调的是将军的独立指挥权，不喜欢君主干涉用兵。这一立场与吴国的军事制度——将军是常任的专门职位——相一致。另外，为了做到"避实击

虚"(《虚实》篇)、"后人发，先人至"(《军争》篇)，《孙子》
还展开了复杂的战术论，这些战术也只有在吴国这种以步兵为
中心的军队组编方式下才有可能实现。

此外，《孙子》的军事学特色之一是《九地》篇中的战
术——"凡为客之道，深入则专，主人不克"，即区分出"客"
（入侵军队）和"主人"（迎击军队），并认为应该深度入侵到
敌国腹地进行决战。这一战术的优势在于士兵的心理，"兵士
甚陷则不惧，无所往则固，深入则拘，无所往则斗"。在"诸
侯战其地"的散地，士兵会抱有通过逃亡而生还的希望，战斗
意志往往不强。因此，故意深度入侵到敌国腹地，断绝他们逃
跑的希望，"投之毋所往，死且不北"，士兵们就会抱定决死之
心，团结一致。在此基础上，如果再通过"无法之赏，无政之
令"之类的临时措施鼓舞士气，"吾士无余财，非恶货也。无
余死，非恶寿也。令发之日，士坐者，涕沾襟，卧者，涕交
颐"，他们就会抱着悲壮的决心投入战斗，从而战胜在散地作
战的敌兵。以上就是《九地》篇的主旨，正如韩信[1]一语道破
天机说到的那样，"兵法不曰'陷之死地而后生，置之亡地而
后存'？"(《史记·淮阴侯列传》)，著名的背水之战[2]也是这一

1　？—前196年，西汉初军事家，淮阴人。秦末，初属项羽起义军，未得重用。
继归刘邦，任为大将。后被刘邦封为齐王，汉朝建立后，改封楚王。有人告其谋
反，最后被萧何和吕后诱入宫中杀害。
2　前204年，韩信率兵攻赵，出井陉口，令万人背水列阵，大败赵军。

战术的应用。

说到底，这种战术有一些前提，比如构成军队的不是重视名誉、自尊心很强的身份战士，而是缺乏战斗意志的普通民众，再比如需要长途入侵到敌国领土内部，等等，而这些与吴国战争形态的特点是完全一致的。

吴王夫差率领三万步兵前往黄池参加会盟，但与晋国争夺主导权花费了较长时间，在此期间，吴国受到了越国的攻击，使得他在异国进退两难。这时，臣下王孙雒献计说："吾道路悠远……民之恶死而欲贵富以长没也，与我同。虽然，彼近其国，有迁；我绝虑，无迁。彼岂能与我行此危事也哉？……请王励士，以奋其朋势。劝之以高位重畜，备刑戮以辱其不励者，令各轻其死，彼将不战而先我。"（《国语·吴语》）

也就是说，吴军处于远征途中，民众只有奋勇战斗才有还乡的希望，与此相对，晋军离故乡近，很难下定决死之心。所以，如果反过来利用吴军的这一困境，通过厚赏严罚来鼓舞士气并发起决战的话，晋国应该会不战而让出盟主之位。这正是与《孙子·九地》篇同样的想法。在黄池会盟中，吴王夫差采纳了王孙雒所献之计，命令三万步兵部队发起拂晓攻击，拼死一战。结果晋军被吴军锐不可当的气势压倒，失去了战斗意志，败下阵来。

就像这样，比起士兵个人的素质和技能，更重视整个集团的态势和气势，这种思维方式也是《孙子》的一个特点。书中提到，"勇怯势也""善战者，求之于势，弗责于人"（《势》篇），"朝气锐，昼气惰，暮气归。故善用兵者，避其锐气，击其惰归"（《军争》篇）。

以上的相似点可以证明，据传是吴国将军孙武所著的兵书《孙子》与吴国的军事活动果然有着很深的联系。

三 孙膑及其时代

孙膑的智谋

据《史记·孙子吴起列传》，孙膑比孙武晚出生一百多年，是其后裔，战国中期效力于齐威王。

年轻时，孙膑与朋友庞涓一起学习兵法，看来兵家的血统真是不虚。然而，先行担任了魏国将军一职的庞涓非常嫉妒孙膑——孙膑的才能是他望尘莫及的——他把孙膑招到魏国，然后用莫须有的罪名陷害孙膑，并剔掉了他的膝盖骨，还在他额头上刺字。庞涓试图通过这种手段把孙膑从这个世界上抹杀掉，以便自己的地位能够更加安稳。

但是，老天没有抛弃孙膑。一次，孙膑请求面见造访魏国都城的齐国使者，齐国使者发现了孙膑的特异才能，偷偷将其带回了齐国。此后，孙膑就作为军师为开创了齐国全盛时代的齐威王和将军田忌效力了。

公元前353年，魏国大举进攻赵国，赵国首都邯郸（河北邯郸）被包围，陷入困境，于是向齐国求援。齐威王派出将军田忌和军师孙膑，令他们解救邯郸。田忌准备直奔邯郸，但孙膑加以了制止，他进言说，不如反过来入侵国内空虚的魏国，摆出攻击魏都大梁（河南开封）的架势。根据孙膑的预测，这样一来，本国遭受了意外袭击的魏军会立刻停止包围邯郸，匆忙撤回魏国。田忌实施了这一策略，结果，战局的发展果然如孙膑所料，魏军匆忙回撤，而齐军则等候在魏军回国的路上，在桂陵（山东菏泽）大破庞涓指挥下的魏军。

又过了十二年，也就是公元前341年，这次是魏国和赵国联合起来攻打韩国，韩国也向齐国求援。田忌采取了与上次一样的方针，没有直接奔赴韩国，而是去攻打魏国的大梁。率领魏军的宿敌庞涓这次也是立刻从韩国撤军，前去追击齐军。于是，孙膑在每次拔营起寨时都故意大幅减少做饭用的灶台的数量，造成一种本军不断出现逃兵的假象。庞涓见此，误以为齐军兵力只剩三分之一了，不禁大喜，于是将作为主力的步兵部队留在后方，只带着骑兵和轻型战车夜以继日地追踪齐军。事先算好了魏军行程的齐军在马陵对魏军实施了深夜伏击，用弩弓万箭齐发，几乎全歼魏军。魏太子申战死，庞涓被俘，孙膑完美实现了复仇。

这两次战役导致魏惠王想要在中原一振声威的雄图大略遭遇了挫折，相反，齐国的地位得到了大大的提升。与此同时，坐在辎车上运筹帷幄并给齐国带来巨大胜利的残疾军师孙膑的名声也远播天下，牢牢奠定了他作为兵家的地位。

战国时期的战争

那么，孙膑所生活的战国时期的战争形态与春秋时期相比，发生了哪些变化呢？

春秋末期的吴国指出了战国时期新型战争的方向，此后，正如吴起历任鲁、魏等国将军一职所象征的那样，各国竞相把将军设置为专门职位。与此同时，春秋中期以后比重就一直在逐渐增加的步兵部队已经完全占据了军队主力的位置，各国组编军队的方式也变成了以步兵为中心。这些步兵都是征募来的普通民众，兵力多达数十万，甚至一百万。

另外，这个时代发生的另一个重大变化是骑兵的出现——这是从北方游牧民族那里学来的。公元前 455 年，智伯、韩、魏三氏想要攻打晋阳[1]城时，赵襄子[2] "使延陵王将车骑先之晋阳"（《战国策[3]·赵策》），也就是说，他派出了战车和骑兵作为

---

1 赵国都城，今山西省太原市晋源区。
2 ?—前 425 年，嬴姓，赵氏，名无恤，春秋末期晋国大夫，战国时赵国创始人。
3 战国时游说之士的策谋和言论的汇编。西汉末刘向编订为 33 篇，书名亦为刘向所拟定。

先遣部队前去救援。由此可知，在春秋末期，赵国已经组编了骑兵部队。前307年，赵武灵王[1]为了骑乘方便，改革了中华服饰的习俗，采用了胡服。正如这个事例所显示的那样，通过与北方骑马民族之间的战斗，赵国成了最早组建骑兵的地区。进入战国以后，骑兵在各国普及开来，凭借其卓越的机动性，可以一夜之间进击数百里。

据《战国策》记载，当时各国的兵力数如下：齐"带甲（步兵）数十万"（《齐策》），燕"带甲数十万，车七百乘，骑六千匹"（《燕策》），韩"带甲数十万"（《韩策》），魏"武力二十余万，苍头二十万，奋击二十万，厮徒十万，车六百乘，骑五千匹"（《魏策》），赵"带甲数十万，车千乘，骑万匹"（《赵策》），楚"带甲百万，车千乘，骑万匹"（《楚策》），秦"带甲百余万，车千乘，骑万匹"（《韩策》）。

步兵、战车、骑兵的比例大约是1000∶1∶10，以前的主要组编方式——战车——的地位大大下降，完全转换成了以步兵为中心的组编方式。同时，可以明显看出，骑兵得到了显著的充实。把这一情况与《孙子·作战》篇中的"驰车千驷，革车千乘，带甲十万"做一个比较就会发现，《孙子》中步兵和战车的比例是50∶1，与战国中期相比，战车所占比例高20

1　约前340—前295年，名雍，战国时赵国国君，前325—前299年在位。

倍，另外，完全没有骑兵的存在。

所以，《吴子》《尉缭子》《六韬》《孙膑兵法》等战国时期的兵书中提到的兵力数动辄数十万乃至上百万，同时，全部以步兵、骑兵、战车为基础来构建自己的兵学。而且，持久战、总体战、消耗战也变得越来越普遍，仅仅一次会战的战死者就有十几万，多的甚至达到了四十万，非常惨烈，这种情况一直持续到了公元前 221 年秦统一中国。

战国时期的战争与《孙膑兵法》

那么，这种战争形态上的变化以何种形式反映在了孙膑的兵学中呢？近年发现的《孙膑兵法》的内容在很多方面继承了孙武的兵学，如对"势"的重视、"客"和"主人"的区分、对"奇"和"正"的灵活运用，等等。但是在另一方面，也具备了一些《孙子》所没有的特色。

第一，出现了《孙子》中完全没有提及的关于运用骑兵的战术，如"易则多其车，险则多其骑"（《八陈》篇）、"交和而舍，我人兵则众，车骑则少，敌人十倍，击之奈何"（《十问》篇）。

第二，出现了《孙子》中没有提及任何具体内容的攻城战的相关战术，如"城前名谷，背亢（高）山，雄城也，不可攻也""城在亢山间，无名谷、付丘者，牝城也，可击也"（《雄牝城》篇）。与春秋末期的长江下游流域不同，战国时代的中原地区随着人口增加，大规模的城池不断出现。因此，军队只要稍微前进一点，就立刻会碰上敌人的城墙。《孙子》中所说的"其下攻城"（《谋攻》篇）已经不适合当时的情况了。当然，还有一个原因是当时战争的主要目的也发生了变化，变成了争夺他国的城邑，将其编入本国的郡县，以扩大领土。

第三，《孙子》中所没有的具体阵法占了很大的比重。由于战争的持久化，战线经常会陷入胶着状态，双方通过土垒和栅栏来构筑阵地已经成为常规操作。而且，战术也更加复杂化，创造出了多种多样的阵形。因此，与春秋时期相比，阵地的构筑法、阵形的选择等阵法的重要性有了飞跃式的提升。

于是，《孙膑兵法》提到，"用陈三分，诲陈有锋，诲锋有后，皆待令而动。斗一，守二，以一侵敌，以二收"（《八陈》篇），也就是将兵力三等分，以先锋一、后卫二的比例进行配置的阵形。这是布阵时比较普遍的、符合原则的阵形，因为阵的两侧边缘向外撇，呈"八"字形，因此被称为"八阵"，相当于后来的鱼鳞阵。另外，《孙膑兵法》中还提到，"凡陈有十。有枋（方）陈，有员（圆）陈，有疏陈，有数陈，有锥行之陈，有雁行之陈，有钩行之陈，有玄襄之陈，有火陈，有水陈"（《十陈》篇），即在一般阵形之外，又列举了与特殊情况和用途相对应的十种阵形，并对其运用方法分别进行了详细的解说。

如上所述，虽然大体上继承了《孙子》的兵学，但《孙膑兵法》中也包含一些兵学上的新发展，反映了战国时期的时代状况，可以看出两者之间有着明显的时代差异。

四　文本传承的历史

围绕作者的各种说法

关于现行本《孙子》十三篇的作者，在历史上有两种推测，那就是前面提到的两位——吴国的孙武和齐国的孙膑。司马迁在《史记·孙子吴起列传》的末尾说到，孙武和孙膑各自留下了兵书，一起在世上流传。《汉书·艺文志·兵权谋家类》中记载有《吴孙子兵法》（八十二卷·图九卷）和《齐孙子兵法》（八十九卷·图四卷）这两个书名，仿佛是在印证司马迁的说法。由此我们可以知道，从西汉末年到东汉末年，两种兵书都是存在的。此后，这两部书的大部分内容都亡失了，只有十三篇《孙子》流传到了今天。

因此，与十三篇《孙子》有关的两位兵家和两种兵书之间的关系就变成了一个众说纷纭的问题，迄今为止仍未结束漫长的争论。

关于这个问题的第一种看法，是根据《史记》中的说法，将现行本看作孙武自己的著作。不过，虽然都称为"孙武自著说"，但如果细分的话也有好几种。下面，我一边整理有关问题，一边加以介绍。

首先，关于现行本的来历，有一篇值得关注的文章，那就是杜牧的《注孙子序》(《樊川文集》卷十)。他说："（孙）武所著书，凡数十万言。曹魏武帝削其繁剩，笔其精切，凡十三篇，成为一编。"也就是说，魏武帝（155—220）对当时流传的孙武的兵书进行了删改，编成了现行的十三篇本。那么，杜牧又是如何理解删改的具体内容的呢？

杜牧在提及删改说之前还说道："其孙武所著十三篇，自武死后凡千岁，将兵者有成者，有败者，勘其事迹，皆与武所著书一一相抵当，犹印圈模刻，一不差跌。"据此可以认为，杜牧相信十三篇《孙子》是孙武自己的著作，而且保持了《史记》中提到的格式。

另外，紧接着论及魏武帝删改的那段话，杜牧又说道："曹自为序，因注解之，曰：'吾读兵书、战策多矣，孙武深矣。'然其所为注解，十不释一。此者，盖非曹不能尽注解也……不欲随孙武后尽解其书。不然者，曹岂不能耶？"也就是说，他虽然指出魏武帝的注极为简略，但完全没有认为武帝对原文有所节略。杜牧自己也引用了曹操序的一部分，该序文的最后是："训说、况文烦富，行于世者失其旨要，故撰为略解焉。"因此我们可以知道，杜牧对于"略解"的理解不是"对于节略的原文的注解"，而是"对于原文的简略注释"。

将以上两点综合起来考虑，我们可以推断，杜牧认为曹操从多达数十万言的孙武的兵书中摘录出了十三篇精华，而且这十三篇与《史记》中记载的十三篇的内容相同。

作为摘录的对象，可以想到的是《汉书·艺文志》所记载的两种兵书。那么，杜牧认为武帝是从哪本中摘录出了十三篇呢？在《注孙子序》中论述十三篇《孙子》时，杜牧都是从该书与孙武关系的角度出发的。根据《太平御览》卷二七〇所引魏武帝《孙子兵法序》以及《孙子十家注》（岱南阁[1]本）附录中的魏武帝《孙子序》的记载，"孙子者，齐人也，名武，为吴王阖闾作兵法一十三篇"，即魏武帝自己也把十三篇看作孙武所著，杜牧应该也是据此判断十三篇是孙武的著作。因此我们可以认为，杜牧所认为的武帝"撰"和"削其繁剩"的对象是《吴孙子兵法》。

此外，关于魏武帝删改说，晁公武[2]《郡斋读书志》和陈振孙[3]《直斋书录解题》也采用了杜牧的说法。

1　丛书名，清代孙星衍辑辑刻，主收孙氏自著诗文集及其校订的古籍，如《古文尚书》等。

2　1105—1180年，字子止，济州钜野（今山东省巨野县）人。南宋藏书家、目录学家。藏书两万多卷，所编《郡斋读书志》是我国现存最早的具有提要内容的私家藏书目录，对于后世目录学影响极大。

3　1183—？，字伯玉，号直斋，浙江安吉人。南宋藏书家、目录学家。藏书五万多卷，所编《直斋书录解题》是宋代著名的提要目录。

　　另一方面，也有一些著作虽然同样采取了孙武自著说的立场，但却反对杜牧的说法，这些著作以宋濂[1]《诸子辨》为首，还包括毕以珣《孙子叙录》、《四库提要》[2]、孙星衍[3]《孙子兵法序》、山鹿素行[4]《武经七书谚义孙子》、佐藤坚司[5]《孙子思想史的研究》等。其中，宋濂、毕以珣、《四库提要》、孙星衍的论据是：既然先于《汉书·艺文志》问世的《史记》中已经明确记载了孙武自己的著作为十三篇，那么现行本就不可能是后来删改的产物。而山鹿素行、佐藤坚司二人的论据除了上述理由以外，还有一点是十三篇具备了浑然一体的系统性，看不出删改的痕迹。

　　至此，我介绍了孙武自著说的两种立场：（1）曹操从《吴孙子兵法》中摘录出了孙武自己写的十三篇，从而恢复了《史记》中记载的旧貌，现行本也由此而来；（2）《史记》中记载的孙武自著的十三篇原封不动地成为了现行本。此外，还有一种没有直接提及文本流变的孙武自著说，如介绍了梅圣俞[6]

1　1310—1381 年，字景濂，浙江浦江人。元末明初著名政治家、文学家、史学家、思想家。被朱元璋誉为"开国文臣之首"，洪武初年主修《元史》。

2　又称《四库全书总目提要》或《四库全书总目》，是中国古代最大的官修图书目录，基本上包括了清乾隆以前中国重要的古籍，清代永瑢、纪昀主编，200 卷。

3　1753—1818 年，字渊如，江苏阳湖（今常州）人。清代著名学者，对经史、文字、音韵、诸子百家、金石碑版等都有涉猎，精校勘，擅诗文。辑刻有《平津馆丛书》《岱南阁丛书》。

4　1622—1685 年，日本江户时代前期的儒学家、兵学家。提倡古学，即直接研究《论语》等经典的文本，批判朱子学。

5　1889—1964 年，日本著名兵学史专家。

6　即梅尧臣，1002—1060 年，字圣俞，宣州宣城（今属安徽）人。（转下页）

对孙子的批判,但自己对孙武评价很高的欧阳修[1]《孙子后序》(《欧阳文忠公文集》卷四二),从儒家伦理观角度对孙武进行谴责的高似孙[2]《子略》,通过与吴起的对比来批判孙武言行不一致的苏洵[3]《孙武》(《嘉祐集》卷三)等。

接下来我将介绍"后人伪作说"。这种立场也可以细分成很多种,不过其论据基本上可以归结为以下两点。第一,《左传》及后来的文献中看不到孙武的名字,孙武的事迹极为模糊,被认为是作者的孙武本身是否存在这一点就很可疑。第二,从战争规模、用词等方面来看,《孙子》的内容与战国时期更契合,而不是春秋时期。因此,如果从这两个论点出发,就可以得出这样一个结论——现行本是战国时期的某个人写的,然后假托孙武之名流传至今。属于这个系列的有梅圣俞、叶适[4]《孙子》(《习学记言》卷四六)、姚姬传[5]《读孙子》

(接上页)北宋诗人。与欧阳修并称"欧梅"。曾为《孙子》作注,虽然不如曹操注的深微和杜牧注的详实,但也简切严整,为欧阳修所推许。

1 1007—1072年,字永叔,号醉翁、六一居士,吉州吉水(今属江西)人。北宋文学家、史学家,唐宋八大家之一。著有《欧阳文忠公文集》。

2 1158—1231年,字续古,明州鄞县(今浙江宁波)人。南宋方志学家和目录学家。著有《子略》《史略》等。

3 1009—1066年,字明允,眉州眉山(今属四川)人。北宋散文家,与子轼、辙合称"三苏",俱为"唐宋八大家"。著有《嘉祐集》。

4 1150—1223年,字正则,温州永嘉(今属浙江)人。南宋哲学家。著有《习学记言》《水心先生文集》等。

5 即姚鼐,1731—1815年,字姬传,安徽桐城人。清代文学家、学者。通经史,尤以古文名世,为桐城派三祖之一。著有《惜抱轩文集》《九经说》等。

（《惜抱轩文集》卷五）、全祖望[1]《孙武子论》（《鲒埼亭集》卷二九）、姚际恒[2]《古今伪书考》、黄云眉[3]《古今伪书考补证》、齐思和[4]《孙子著作时代考》（《燕京学报》第二十六期）等。因为他们都是以《孙子》的内容为主要论旨，所以关于文本的流变几乎都没有提出自己的见解。

最后，我想解释一下"孙膑著作说"。这种立场可以细分为两类。第一，像斋藤拙堂[5]《孙子辨》（《拙堂文集》）、钱穆[6]（《先秦诸子系年》卷一《孙武辨》及卷三《田忌邹衍孙膑考》）那样，认为历史上真实存在过的孙膑的一部分事迹被假托到了孙武这一虚构人物身上，弄得好像有两个孙子一样。因此，实际上孙子只有孙膑一人，作为其必然结果，《孙子》的作者也是孙膑。第二，像梁启超[7]（《饮冰室合集》中的《汉书艺文志

1　1705—1755 年，字绍衣，浙江鄞县（今宁波）人。清代史学家、文学家。著有《鲒埼亭集》《经史问答》等。
2　1647—约 1715 年，字立方，浙江仁和（今杭州）人。清初最勇于疑古的学者。著有《九经通论》，又著有《庸言录》，书末附《古今伪书考》。
3　1898—1977 年，字子亭，浙江余姚人。著名历史学家，山东大学教授。著有《明史考证》《古今伪书考补证》等。
4　1907—1980 年，字致中，直隶宁津（今属山东）人。历史学家，历任北平师范大学、燕京大学、北京大学教授。著有《世界中世纪史讲义》《战国制度考》等。
5　1797—1865 年，日本江户时代后期朱子学派的儒学家。著有《拙堂文集》《海外异传》等。
6　1895—1990 年，字宾四，江苏无锡人。历史学家，自学成才，历任燕京大学、北京大学、西南联合大学等校教授。1949 年创办香港新亚书院，1967 年移居台北。著有《国史大纲》《先秦诸子系年》等书。
7　1873—1929 年，字卓如，号任公，又号饮冰室主人，广东新会（转下页）

诸子略考释》及《中国历史研究法》）、武内义雄《孙子十三篇的作者》（《支那学》2-7）那样，认为孙武在历史上是否确有其人暂且不论，现行的十三篇《孙子》并非孙武的著作，而是从《齐孙子兵法》中摘录出来的孙膑的著作。

至此，我分三大类介绍了关于《孙子》成书情况的各种说法。从中可以看出，坚持认为正如世代相传的那样，该书是孙武自己的著作，即孙武自著说的系统一直牢固地存在着，但另一方面，对于这种说法的怀疑也一直不断地产生，而且反证越来越有力。后来，孙武自著说虽然作为一种信念仍然存在，但在学术上几乎已经销声匿迹，后人伪作说、孙膑自著说占据了绝对优势。

新资料的出现

然而，1972年在山东临沂银雀山的西汉墓中出土了大量竹简，其中，除了相当于现行的十三篇《孙子》的资料以外，还有此前不为人知的两种关于孙武和孙膑的兵书。

这些与孙子有关的兵书后来由中国的研究者加以解读和整理，分为两册出版：《银雀山汉墓竹简·孙子兵法》（文物出版社，1976年）和《银雀山汉墓竹简·孙膑兵法》（文物出版社，

1975 年）。根据内容来判断，我们可以知道这两本书中收录的资料包括下列六种：（1）与现行本《孙子》内容几乎相同的十三篇；（2）很明显与孙武有直接关系的《见吴王》《吴问》两篇；（3）从内容来推测，与十三篇《孙子》有关的《四变》《黄帝伐赤帝》《地形二》三篇；（4）很明显与孙膑有直接关系的《擒庞涓》《见威王》《威王问》《陈忌问垒》《强兵》五篇；（5）篇首有"孙子曰"，但很难确定是指孙武还是孙膑的《篡卒》《月战》《势备》等十篇；（6）没有出现"孙子"这一名称，不确定是否与孙武或孙膑有关的《十陈》《客主人分》等十五篇。

中国学界把这六种资料中的前三种一并编入了与孙武有关的《孙子兵法》，将后三种一并编入了与孙膑有关的《孙膑兵法》。当然，关于（5）和（6），编入《孙膑兵法》只是临时措施，中国学界在该书中提出了保留意见，认为应该还有重新考虑的余地。不过，关于与现行本《孙子》重合的（1）中的十三篇，中国学界断定：既然另外还存在孙膑自己写的兵书，那么十三篇就是孙武自己的著作，这一点已经被毫无疑问地证实了。上述对《孙子兵法》和《孙膑兵法》的篇目划分也是基于这一前提而进行的。

十三篇《孙子》与《吴孙子兵法》

那么，将这十三篇归入孙武所著兵书之中，是否妥当呢？

如前所述，流传至今的《孙子》只有十三篇本这一种，而根据《史记》和《汉书·艺文志》的记载，在汉代，存在着有关孙武和孙膑的两种兵书，这一点已经广为人知了。

这次新发现的关于孙武和孙膑的各篇使得这一点得到了更具体的证明。尤为值得关注的是《孙膑兵法·陈忌问垒》篇的末尾出现的下面这段话：“……明之吴越，言之于齐。曰智孙氏之道者，必合于天地。孙氏者……”所谓“明之吴越”，当然指的是效力于吴王阖闾的孙武的活动，而“言之于齐”，则指的是效力于齐威王的孙膑的活动。另外，根据《史记》的记载，两人都是齐人，孙膑比孙武晚生一百数十年，是其后裔。因此，所谓“孙氏之道”，可以认为是对孙武和孙膑的兵法的总称。

遗憾的是，这段话是断简上的，所以不清楚它原本处于何种语境中。不过，从内容来推测，应该是孙膑凭借在桂陵和马陵的两次胜利而名声大振之后，由同时继承了孙武和孙膑兵法的后辈记录下来的。通过这段话我们可以确认，孙武、孙膑以及他们各自所著兵书，不仅在《史记》中有所记载，而且在信奉孙子兵学——“孙氏之道”——的兵家集团内部也是代代相传的。

而且，从“明之吴越，言之于齐”可以看出，该兵家集团认为孙膑祖述了孙武创始的兵学，从而将两者作为连续的谱系加以记录，还将两者总称为"孙氏之道"。由此可见，关于孙武和孙膑的两种著作很可能一直到某个时期为止，都没有做严密的区分，而是共同作为记述了"孙氏之道"的同一流派的兵书一起流传的。

不过，出土竹简的汉墓据推测是汉武帝初年（前141—前118）建造的，因此，从时间上来看，竹简上的这两种兵书与后来《汉书·艺文志》中记载的《吴孙子兵法》和《齐孙子兵法》在内容上肯定是基本对应的。

这样一来，问题就在于，包含在竹简本兵书中的与现行本《孙子》重合的十三篇到底原本属于孙武和孙膑哪一方所著的兵书呢？在竹简中，孙武和孙膑的称呼都只有一个，那就是"孙子"，因此，虽然出现了与孙膑有关的新资料，但无法作为决定性证据，十三篇属于任何一方的可能性依然存在。

解答这个问题的关键在于十三篇《孙子》的叙述形式。《孙子》中有这样一些句子："吾以此知胜负""将听吾计""将不听吾计""吾以此观之"（《计》篇）、"以吾度之"（《虚实》篇）。也就是说，十三篇的作者用"吾"作为自称。另外，从"以吾度之，越人之兵虽多，亦奚益于胜哉"（《虚实》篇）这句将越国视为敌国的发言可以清楚地看出，"吾"是一个支持吴国并参与策划对越战争的人。

十三篇《孙子》在形式上原本就是一以贯之的，即兵家

258

面对某个国家的君主陈述自己的兵学。以此为前提，再参照上面的句子，我们可以认为，十三篇的作者是在吴越争霸最为激烈的时候，帮助吴国出谋划策的人。新出土的竹简本《孙子兵法》中有一篇的题名为"见吴王"，其中记载着孙武在吴王阖闾面前指挥宫中女子的故事，这与《史记》的记载基本相同。另外，在这一篇的断简中，有两处出现了"十三篇"一词。因此，我们可以清楚地知道，孙武在与吴王见面之前就先呈上了十三篇兵书这则逸事，在见于《史记》之前，就已经在孙氏学派内部代代相传了。由此看来，在继承了"孙氏之道"的孙氏学派内部，十三篇《孙子》被认为是"明之吴越"的孙武的著作这点就更没有怀疑的余地了。

这一点通过下面这件事也可以得到确认。由于这次《孙膑兵法》的出现，我们第一次得知了此前只知道书名的《齐孙子兵法》的具体内容，虽然内容还不完整。这部《孙膑兵法》中，尤其是《擒庞涓》《见威王》《威王问》《陈忌问垒》《强兵》这五篇的内容明确指示了该书中的"孙子"指的是为齐威王和将军田忌效力的孙膑。

如果我们假定，与前面的推测不同，十三篇与刚才提到的五篇都是《齐孙子兵法》的一部分，那么两者的情况设定完全是脱节的，无法保持同一本书的一致性。因此，从这一侧面也可以认为，十三篇《孙子》是《齐孙子兵法》一部分的可能性已经不存在了。

《孙子》的作者

看清了这一点之后，我想再次回到“魏武帝删改说”这个话题。武帝在《孙子序》的末尾说到“撰为略解”，那这到底是指对原文字句的删除和选入，还是对篇目的删除和选入呢？

现行的《孙子》文本全部出自曹操加了注（略解）的《魏武帝注孙子》，如果是前者的话，那么如今的《孙子》就不是原生态的了。关于这一点，从早于魏武帝三百多年的竹简本十三篇的文本与如今的十三篇《孙子》的文本基本一致这个事实可以看出，删改的具体内容指的是对主要篇目的筛选，这已经是确凿无疑的了。

另外，如果假定武帝用作筛选底本的是《吴孙子兵法》，其中包括新发现的《见吴王》《吴问》等篇的话，那么从“孙子者，齐人也，名武。为吴王阖闾作兵法一十三篇，试之妇人。卒以为将，西破强楚，入郢，北威齐、晋。后百余岁，有孙膑，是武之后也”（《孙子序》）这样一段表明其知识储备的话来看，曹操断定十三篇的作者是孙武是理所当然的。反之，如果假定武帝用作筛选底本的是《齐孙子兵法》，其中包括新发现的《擒庞涓》《见威王》《陈忌问垒》等篇的话，那么他绝对不可能断定十三篇的作者是孙武。

而且，从银雀山一号汉墓与竹简兵书一起出土的还有一块写有十三篇《孙子》篇目的木牍。这块木牍被发现时已经碎成六小块了，《银雀山汉墓竹简·孙子兵法》的解说中所示的复原图如下：

		□刑
	行□……□十五	九地
□□	·军□	用间
势	实□	火□
	□	七势三千□□

但是，这块木牍整体上是由三栏构成的，由此推断，左、中、右三栏原本应该各有五行，一共是十五行。在上面这张图中，左栏和中栏有缺行。因此，从加有黑点的军□篇的上面一行后半段写有数字这点来看，与右栏第五行一样，应该是此前的篇数及字数小结。根据照片推测，中栏第二行的第一个字不一定是"行"的上半部分，也有可能是"六"的下半部分。另外，右栏第四行的"火"后面一个字只残留了一部分，正如该书的解说所指出的那样，这个残缺的字与现行本的篇名——"火攻"中的"攻"字明显不同。从照片来推断，可能是"陈"字。综合考虑以上几点和十一家注本的篇目，笔者根据自己的

看法对上图进行了修正和增补，结果如下图所示：

计	九变	地形
作战	六势……□十五	九地
谋攻	·军争	用间
势	实虚	火陈
形	行军	七势三千□□

在排列上我尽可能与现行本保持了一致。如果以我给出的图为准的话，现行本与竹简本中，《形》篇与《势》篇、《虚实》篇与《九变》篇、《火攻》篇与《用间》篇分别换了位置。

通过这块木牍，我们可以清楚地知道，从汉初以前开始，十三篇就被作为一个整体而受到特别对待了，与其他各篇是明确区分开的。因此，我们可以推断，曹操看到的《吴孙子兵法》中，也有着与此类似的某种区分，基于这种区分，曹操断定这十三篇就是孙武自著并呈交给吴王的十三篇，于是将其作为《吴孙子兵法》的精华抽选出来，独立成书。

上面是我对《孙子》文本的传承所做的思考，最后得出的结论就是：现行本《孙子》十三篇是《吴孙子兵法》的一部分，与从战国时期开始就被认为是孙武所著兵书的十三篇是同一个文本。当然，在十三篇最终定型为如今的面貌之前，孙武、孙膑的后辈等孙氏学派的门人应该进行过加工。不过，从《孙子》所体现出的时代背景——如完全没有出现骑兵等——来看，其主要部分应该还是传承了春秋末期孙武的兵学。

五　本书的注释方针

新资料的采用

目前为止流传的《孙子》文本主要分为下面两个系统。第一是以被收入续古逸丛书[1]的宋本"武经七书"为代表的"武经七书本"以及清朝的孙星衍覆刻宋版并收入平津馆丛书的"平津馆魏武帝注本"。前者是只有原文的无注本，后者既有原文，又有魏武帝的注，不过文字上几乎没有差异，作为文本来说属于同一个系统。

第二是宋朝的吉天保[2]把魏武帝，梁朝的孟氏[3]，唐朝的李

1　清朝光绪年间，驻日公使黎庶昌委派随员杨守敬广事搜集散见于日本的濒临绝灭的中国典籍，辑刻古逸丛书，开创抢救、保存、再现、传播我国珍贵古籍事业之先河。1919 年，张元济先生主持的商务印书馆，继黎氏未竟之功，以丛书体例影印刊行续古逸丛书。历时 38 年，出书 47 种，汇集了我国不同时期（主要是宋代）、不同地域的雕版古籍精品，具有极高的校勘学、版本学价值。
2　南宋人，编辑有《十家孙子会注》，对《孙子兵法》校勘有重要价值，成书具体时间不详，据推测，可能是在孝宗时期（1162—1189）。
3　名字及籍贯身世均不详，南朝梁人。他的注虽早，但甚简略，影响不大。

筌[1]、杜佑[2]、杜牧、陈皞[3]、贾林[4]、宋朝的梅尧臣、王晳[5]、何延锡[6]、张预[7]的注汇集起来编成的"十家注本"（从《通典》中摘录出来的杜佑的解释不算注），该本与第一个系统在文字上有相当大的出入。这一系统的善本有三种：商务印书馆的《道藏·太清部》中所收的"道藏本"，孙星衍用华阴岳庙的道藏本校订并收入岱南阁丛书中的"岱南阁本"，以及1961年中国影印出版的《宋本十一家注孙子》。从文本上来说，第三种"十一家注本"最佳。

因此，如果要用现有文本作为底本的话，可以想到的方案有三种：（1）选择第一个系统中的某个本子；（2）选择第二个系统中的"宋本十一家注本"；（3）选择任何一个系统的本子作为底本，然后把两个系统的文本加以对校。

笔者在执笔本书时，一开始也想采用这三种方案中的某一

1　生卒年不详，号达观子，陇西（今甘肃境内）人。唐代著名道家学者。约活动于开元（713—741）、天宝（742—756）年间。著有《太白阴经》《孙子注》等。

2　735—812年，字君卿，京兆万年（今陕西西安）人。唐代史学家。以30余年时间所著的《通典》200卷，是中国第一部记述典章制度的通史。

3　晚唐人，生卒年不详。在曹操、杜牧的基础上重新注疏《孙子兵法》，对杜注多有攻击，但其成就贡献远不如杜注。

4　唐德宗（779—805年在位）时代的人，其注也很简略。

5　宋仁宗（1022—1063年在位）时代的人，以古本校正《孙子》阙误，又为之作注。

6　宋人，其注过简，但在《九地》篇大段录有《孙子》佚文，与《通典》所引间有异同，可供整理研究《孙子》者参考。

7　字公立，南宋冀州东光（今河北省东光县）人。著有《百将传》。其注明易通达，成就不在梅尧臣注之下。

种。然而，如前所述，现在又出现了第三个系统的文本，那就是银雀山汉墓出土的竹简本。因此，本书大胆采用了使用竹简本作为底本的方针。

《孙子》是在长达两千多年的时间里被一代又一代人阅读的一流经典著作。如果重视这一历史，那么使用流传最广的"武经七书本"或"十家注本"作为底本，对原文加以注解，也是对待经典著作的一种办法。不过，用这种办法对《孙子》进行注释的书目前为止已经出版过无数种了，有叠床架屋之感，所以我特意没有采用这种办法。

另外，用过去的各种版本加以对校，再参考《通典》《北堂书钞》《太平御览》等类书中的引文，试图以此来使文本更为精善的考据学方面的研究，此前也有很多人做过。不过，作为使用这种方法的代表性成果，已经有金谷治[1]氏的精密工作（《孙子》，岩波文库）在先，如今也轮不到我出场。因此，本书为了有所创新，决定使用竹简本。

我使用竹简本还有一个理由。在考据学中，会对不同系统的文本进行对校，这种情况下，一般认为搜求时代上更为久远的文本是很重要的。因为文本产生的时代与原著成书的时代

---

1 1920—2006年，日本汉学家，研究领域为中国哲学，特别是中国古代思想史。著有《管子研究——中国古代思想史的一个方面》等，另外，还对《论语》《孙子》《荀子》《庄子》等中国经典进行了译注。

越接近，流传时所产生的字句错误就越少。不过，这种方法实际上有一个很大的障碍。那就是无论怎样回溯文本的时代，除了敦煌出土的唐代写本等少数特例之外，最早的只有宋本，没有更早的文本了。因此，一直以来，人们认为明版价值不如元版，而元版价值又不如宋版，宋代（960—1279）的版本作为最值得信赖的文本而受到珍视。

从上述考据学的常识来看，西汉武帝时期（前141—前87）的墓中出土的竹简本从时代上来说是无比远古的文本。既然如此，难得有这么古老的文本，如果不用的话，岂不是浪费宝贵资源吗？这也是我这次特意使用竹简本的理由之一。

不过，虽说要使用新发现的竹简本，但事情没那么简单。因为竹简本中有很多残缺，其中还有像《地形》篇那样，整篇连一支竹简都没有发现的。既然竹简本不全，那就不可能只用它来作为底本。因此，本书采取的办法是：竹简本中有原文的部分就使用其原文，竹简本中缺失的部分就用"宋本十一家注本"的原文加以补充。当然，"十一家注本"中有些地方是用"武经七书本"和类书中的引文校订过的。

简言之，本书中的《孙子》原文是竹简本和此前版本折衷之后的产物，从这个意义来说，难免有些不完善。我一边期待将来能够发现更完整的《孙子》文本，一边执笔本书，希望大家能将其理解为一种过渡性的举措。另外，本书中对原文所做的分段是笔者根据文意而酌情划分的。

笔者所使用的竹简本文本包括前面提到的《孙子兵法》（文物出版社，1976年）的释文，以及《银雀山汉墓竹简［壹］》（文物出版社，1985年）中所收的释文、照片和摹本。

另外，关于竹简本与此前版本在文本上的不同之处，本来应该所有不同之处都出注，但由于本书的性质所限，所以除了特别重要之处，其他只能割爱了。还有，在竹简本的释读上，上述两本书中的注对我大有裨益，特在此附记一笔。

关于考据学手法的感想

在完成本书的注释之后，笔者感到了迄今为止的考据学手法的局限性。东汉时，马融[1]、郑玄[2]、许慎[3]等大学者奠定了所谓训诂学的基础。这种学术方法在清朝获得了飞跃式

1　79—166年，字季长，扶风茂陵（今陕西省兴平市东北）人。东汉经学家、文学家。遍注《周易》《尚书》、毛诗、三礼、《论语》《老子》等书，使古文经学达到成熟。郑玄等人均出其门。

2　127—200年，字康成，北海高密（今属山东）人。东汉经学家。以古文经说为主，兼采今文经说，遍注群经，成为汉代经学的集大成者，称郑学。

3　约58—约147年，字叔重，汝南召陵（今河南省漯河市召陵区）人。东汉经学家、文字学家。博通经籍，有"五经无双许叔重"之评。著有《说文解字》，集古文经学训诂之大成，是后代研究文字及编辑字书最重要的根据。

的发展，被称为清代考据学，确立了对经典著作的精密研究方法。

　　学者们也将这种方法应用在《孙子》上，一直努力想要确定一个精确的文本。武内义雄博士的《孙子考文》（载《名古屋大学文学部研究论集》第3号，后来收录在《武内义雄全集》第七卷中）就是一个典型。不过，即使这项考证已经极其细致了，但与竹简本的原文对照后就会出乎意料地发现，很多地方都不准确。

　　其最大的原因在于，就算再怎么运用版本校勘、类书对校等手段，使用的只能是唐宋以来的文献，它们与比它们早一千多年的竹简本之间，存在着巨大的差距。竹简本与现行各本之间，很少有篇章的排列完全不同之类的大规模差异，至于字句不同等小规模差异，则随处可见，甚至可以说很少有每字每句都完全相同的篇章。

　　而且，仔细品味字句不同之处就会很明显地发现：通过更改字句，现行本中的难以理解之处变得符合常识，容易理解了；通过增减字数，句式上的不整齐之处也变得整齐了。当然，即使是竹简本，也不是没有问题，我怀疑其中有一些地方混入了书写竹简者的个人注解。与其他众多经典著作一样，可以说《孙子》也是通过原作者与后世读者的共同作业才定型为如今面貌的。在西汉和东汉的四百年间，这种改变一直在进行着，然后才迎来了所有现行本的祖本《魏武帝注孙子》的时代。因此，仅凭清代考据学式的手段是不可能恢复该书原貌的，这也是不得已的事。

另外，我痛切地感到，在解释原文内容时，后世认为合理的见解未必妥当。对《孙子》文本原初的意义有着最深刻理解的，是生活在战国时期的孙氏学派内部的人，这点自不待言。从老师到门人，他们通过口口相传和书于简策等手段，传承着对孙氏学派的经典——十三篇《孙子》的解释。一个明显的实例是相对于《孙子·九变》篇而言新发现的《四变》篇。进一步来说，孙氏学派的所有出发点都是十三篇《孙子》，孙膑及其后辈们的兵学在广义上也可以看成是对于《孙子》的解释和应用。因此，《孙子》中有很多地方只有在参考孙氏学派内部的著述，即新发现的竹简资料的内容之后，才能理解其意义。

然而秦的统一宣告了战国的终结，孙氏学派这一学术团体也消失了，于是，在该学派内部进行的对《孙子》的解释也就失去了传承人，烟消云散了。数百年乃至千年之后的学者想仅仅通过外部的训诂、考据技术来恢复这种解释，是根本无法做到的。在这个意义上，不得不说诸子百家的各个学术团体实际活跃着的战国时期与只剩下书籍的汉代之间，存在着仅靠训诂、考据难以填补的学术上的巨大断层。

六 作为经典的《孙子》的意义

最古老的兵学理论

战争是一个无数条件错综复杂地交织在一起的现象。因此，如果想要超越单纯记录现象的战史这一层面，对战争的本质加以系统性思考，并条理清晰地将其表述出来是极为困难的。在历史上首次进行了这种充满困难的智力活动，就是《孙子》作为经典所具有的最大价值。

从春秋到战国，军队动员了大量普通民众，但他们的战斗意志和技能低下，这是最让用兵者感到头疼的问题。为了解决这一难题，兵家想出的办法大致可以分为以下三种。第一种是吴起在魏国和楚国尝试过的办法，即精心选拔出一批战士，分给他们田地，用类似于西欧和日本的封建制的形式来培养出精锐部队，然后凭借其强大的战斗力来获取胜利。第二种是商鞅[1]在秦国尝试过的办法，即把民众置于彻底的军国体制下进行管理，然后凭借这种极权主义的强制力来获取胜利。第三种是孙氏学派在吴国和齐国尝试过的办法，即不依赖士兵的个人能力，而是凭借战略和战术等巧妙的用兵方式来获取胜利。正因为孙氏学派避开了精锐部队或军事国家靠蛮力来压制对手这

---

[1] 约前390—前338年，战国时政治家，卫国人，亦名卫鞅。帮助秦孝公变法图强，制定了严酷的法律，并主张重农抑商。孝公死后，被贵族诬害，死后被车裂。

一方式，选择了第三条道路，所以才能够对极为复杂的战争进行系统性思考，发展出了高水平的兵学理论。

不过，接触到《孙子》的读者可能都有一个印象，那就是孙子在很多地方的说法是前后矛盾的。但这不是因为孙子的思考太粗枝大叶，而是因为战争本身就是一个包含着众多矛盾要素的庞大事象。某种情况下的良策到了另外一种相差无几的条件下，就会变成拙劣的战术。而且，这种条件上的微小差异根据情况的不同会千变万化，无法一一加以说明。

因此，无论《孙子》是多么优秀的兵书，也不可能一读之下就掌握兵法。《孙子》所讲述的只是一些基本原则，看完之后读者必须自己不断地去思考和判断。我经常听到这样一种评价：《孙子》的文章不错，但论述有点抽象，无法立刻在实战中发挥作用，还是详细解说具体战术的《吴子》《六韬》等书更为有益。但是，越是快速生效的东西，越会快速失效。这一点在战争形态变化令人眼花缭乱的兵学世界也绝不例外。《孙子》不是以对任何人都能快速见效为宣传口号的简便易用的指南书，正因为如此，它历经时代变化而丝毫没有褪色，在长达两千多年的时间里一直保持着作为经典的生命力。

《孙子》完全没有引用战争史上的实例，这大概也是因为作者担心，如果冒冒失失地举出具体的战史作为实例的话，读者有可能会拘泥于特定的事例，这反而会妨碍他们进行带有普遍性的思考。笔者也仿效孙子的做法，在解说时，除了对理解书中内容绝对必要的情况之外，尽量避免援引战史的实例。

《孙子》的教训

正如我在一开始说的那样，世界上最古老的兵书《孙子》凭借书中包含的普遍性，一直到今天，都在军事学史上具有不朽的价值。然而，正如"汉文有诡谲，倭教说真锐"（大江家[1]所传《斗战经》第八章）、"孙子十三篇，不免惧字"（同上，第十三章）等批判所象征的那样，在以身份战士——武士为中心来构建军队的日本，在精英主义的名义下，"兵道者，能战而已"（同上，第九章），即独尊直接战斗中的强健和勇敢这一倾向很突出，而《孙子》所主张的间接战略则很容易被当成违背武士道伦理的卑劣兵学，并因此受到否定。以"输也无妨，先把眼前这仗打了再说"（《甲阳军鉴》品第五十三）为美德，擅长全军团结一致冲入敌阵这一战术的谦信流兵学正是日本兵学的化身。

在这个意义上，近代日本引进的普鲁士军事学可以说原本就含有契合日本特质的一面。但是，在中国大陆，在夏威夷珍珠港，在中途岛，在所罗门群岛和新几内亚，在缅甸，在以菲

1　古代日本贵族，负责管理朝廷的书籍，涌现出了很多优秀的歌人和学者。
2　日本现存最古老的兵法书，一般认为成书于平安时代末期。书中批判了当时在日本影响很大的《孙子兵法》中的某些观点，强调继承和发扬日本传统兵学思想，突出宣传日本的民族精神。

律宾为首的太平洋诸岛，日本的战斗全部都违背了《孙子》的教导，结果终于尝到了战史上前所未有的惨败。今天，我们应该向《孙子》学习的东西仍然还有很多。

太平洋战争末期，在前往冲绳进行特攻的大和号[1]战舰上，臼渊大尉[2]说出了下面这段独白，试图以此来解释祖国战败与自己战死的意义。

没有进步的人是绝对无法获胜的。要想进步，最好的办法就是失败之后觉醒过来。日本太轻视进步这件事了，只知道拘泥于个人的洁癖和道义，忘记了真正的进步。战败之后觉醒过来，除此以外还有拯救日本的办法吗？现在还不觉醒，什么时候才能得救呢？（摘录自吉田满[3]《战舰大和号的末日》）

战后的日本在失败后究竟有了多大程度的觉醒呢？

---

1 "二战"中日本海军建造的人类历史上最大的战列舰，1945年4月在冲绳岛战役中被美军飞机击沉，成为日本军国主义特攻作战精神的炮灰。
2 即臼渊磐（1923—1945），日本海军军人，在大和号上被美军炸弹炸死。
3 1923—1979年，日本小说家。"二战"中曾任日本海军少尉，与臼渊磐一起参加了大和号的特攻作战，是臼渊的手下，在战斗中生还。后来根据亲身经历写出了《战舰大和号的末日》。

出版后记

  《孙子》是中国及世界历史上最古老的军事学著作，一直具有着国际影响力。日本有着漫长而重要的《孙子》接受史，而本书是日本汉学领域的中国哲学专家浅野裕一的经典作品，属于日本讲谈社学术文库系列，自1997年出版以来已重印40余次。

  本书全录《孙子》十三篇原典，先列出译文，使读者靠近原典，再对原典详细注释，然后进行简明通俗的解说——使读者在感受原典之美的同时，能在作者解读的带领下领悟孙子的军事智慧与哲学思想，了解先贤其人及其时代背景，明白传统典籍的意义和价值。

  《孙子》原典采用年代最久远、最精善而独特的汉代竹简本，具体参见解说部分第五点（第262页）。为了进一步帮助读者理解，本书在编辑过程中添加了脚注，对部分人名、地名、字句等进行详细的解释说明。本书的脚注大部分为译者所加，编者所加脚注标有"编者注"字样。

《孙子读本》与《论语读本》《孟子读本》《老子读本》《庄子内篇读本》《墨子读本》组成"讲谈社·诸子的精神"系列，讲述轴心时代的诸子思想，展现中华文明的精神底色。

服务热线：133-6631-2326　　188-1142-1266

读者信箱：reader@hinabook.com

后浪出版公司

2019 年 9 月

图书在版编目（CIP）数据

孙子读本 / (日) 浅野裕一著；李斌译 . -- 北京：
北京联合出版公司 , 2020.3（2020.12 重印）
　　ISBN 978-7-5596-3880-9

Ⅰ . ①孙… Ⅱ . ①浅… ②李… Ⅲ . ①兵法－中国－
春秋时代②《孙子兵法》－译文③《孙子兵法》－注释
Ⅳ . ① E892.25

中国版本图书馆 CIP 数据核字 (2020) 第 012292 号

《SONSHI》
©Yuichi Asano 1997
All rights reserved.
Original Japanese edition published by KODANSHA LTD.
Publication rights for Simplified Chinese character edition arranged with
KODANSHA LTD. through KODANSHA BEIJING CULTURE LTD. Beijing, China.
本书由日本讲谈社正式授权，版权所有，未经书面同意，不得以任何方式作全
面或局部翻印、仿制或转载。

本书中文简体版由银杏树下（北京）图书有限责任公司出版发行。

孙子读本

著　　者：[日]浅野裕一
译　　者：李　斌
出 品 人：赵红仕
选题策划：后浪出版公司
出版统筹：吴兴元
编辑统筹：梅天明
特约编辑：欧阳潇
责任编辑：管　文
营销推广：ONEBOOK
装帧制造：墨白空间

北京联合出版公司出版
（北京市西城区德外大街 83 号楼 9 层　　100088）
北京天宇万达印刷有限公司印刷　新华书店经销
字数 163 千字　787 毫米 × 1092 毫米　1/32　9 印张
2020 年 3 月第 1 版　2020 年 12 月第 3 次印刷
ISBN 978-7-5596-3880-9
定价：39.80 元